COMO CRIAR HISTÓRIAS
Um guia prático para escritores

um livro de
URSULA K. LE GUIN

traduzido por
JULIANA FAUSTO

publicado por
SEIVA

Steering the Craft © Ursula K. Le Guin, 1998
Publicado em acordo com Tassy Barham Associates e Ginger Clark Literary, LLC.
Copyright © Seiva, 2024 • 1ª reimpressão

Todos os direitos reservados. Os direitos morais da autora foram garantidos.

www.ursulakleguin.com

TÍTULO ORIGINAL Steering the Craft: A Twenty-First-Century Guide to Sailing the Sea of Story

Direção
  Daniel Lameira
  Adriano Fromer
Coordenação editorial
  Luise Fialho
Tradução
  Juliana Fausto
Tradução complementar
  Cássio Yamamura
Revisão técnica
  Gisele Seeger
Preparação
  Isadora Prospero
Revisão
  Bárbara Prince
  Giovana Bomentre
  Ana Luiza Candido
Capa e projeto gráfico
  Giovanna Cianelli
Diagramação
  Desenho Editorial
Comunicação
  Gabi de Vicq
Comunicação visual
  Arthur Magalhães

Você está prestes a entrar em uma sala de aula onde a professora é uma giganta da literatura.

Ursula K. Le Guin é um dos nomes mais importantes da ficção especulativa e uma das minhas maiores referências: escreveu romances aclamados, criou mundos e personagens memoráveis, desafiou a imaginação dos leitores em histórias que marcam sobretudo pela altíssima qualidade de seus textos. Em *Como criar histórias*, ela estende a mão para te guiar por outra aventura emocionante: a jornada de desbravar seus próprios caminhos na criação literária.

Mais do que um livro, você tem em mãos um chamado à escrita. Ursula foi generosa em compartilhar nas páginas a seguir toda a experiência que acumulou criando narrativas poderosas. A abordagem é bem prática, com exercícios que ela realmente aplicava em suas oficinas.

Escrita é artesania, é técnica. Por isso, foi uma alegria encontrar neste livro uma professora que vai direto ao ponto (e às vírgulas!) e examina, peça por peça, a caixa de ferramentas que nós, pessoas escritoras, precisamos dominar em nosso ofício: a linguagem.

Como usar o narrador? Como melhorar o ritmo das frases? O que posso fazer com os verbos? Advérbios são mesmo perigosos? Posso imitar Saramago? Como me livrar dos caroços expositivos?

Mais do que oferecer uma escritora do quilate de Ursula para te conduzir por essas e outras questões da prática literária, este livro é um guia e tanto para você aprender (e experimentar) enquanto escreve.

E quando vier a vontade de conversar sobre esta leitura ou trocar ideias sobre o fazer artístico com outras pessoas criativas, saiba que a comunidade da Seiva no aplicativo Discord estará de portas abertas para você.

Mãos à obra e boa aula!
Aline Valek

Sumário

    Introdução 13
1. O som da sua escrita 29
2. Pontuação e gramática 45
3. Extensão da frase e sintaxe complexa 61
4. Repetição 87
5. Adjetivos e advérbios 99
6. Verbos: pessoa e tempo 105
7. Ponto de vista e voz 125
8. Alternando o ponto de vista 167
9. Narração indireta, ou o que conta 179
10. Aglomerar e saltar 215
    Apêndice: A oficina em grupo de pares 231
    Glossário 245

Exercícios
1. Ser deslumbrante 39
2. Seria eu Saramago 56
3. Curta e longa 80

4. De novo e de novo e de novo 95
5. Castidade..101
6. A velha senhora 121
7. Pontos de vista...142
8. Mudar vozes...170
9. Contando de viés...183
10. Uma coisa terrível de fazer 226

Introdução

ESTE LIVRO

Este é um manual para pessoas que contam histórias – escritores de prosa narrativa.

Quero dizer de antemão que não se trata de um livro para iniciantes. É destinado a quem já trabalhou duro em sua escrita.

Quinze ou mais anos atrás, eu recebia em minhas oficinas estudantes que eram escritores sérios e talentosos, mas que tinham medo de pontos e vírgulas, e tendiam a confundir ponto de vista com visão panorâmica. Eles precisavam aprender técnica, aprender a trabalhar no seu ofício, adquirir algumas habilidades de navegação antes de levar o barco Pacífico afora. Assim, em 1996, desenvolvi uma oficina chamada "Guiando a embarcação", focada nos aspectos glamorosos da escrita, as coisas realmente *sexy* – pontuação, extensão das frases, gramática...

Essa oficina de cinco dias atraiu catorze escritores intrépidos, dispostos a enfrentar qualquer ponto e vírgula, e a domar qualquer tempo verbal. Sua contribuição e feedback foram inestimáveis para mim. Usando minhas notas e suas respostas, transformei a oficina em livro, um conjunto autoguiado de tópicos de discussão e exercícios para um escritor ou um pequeno grupo. Seguindo a metáfora do título da oficina original, chamei-os de Navegante Solitário e Tripulação Amotinada.

Como criar histórias foi publicado em 1998. Recebido com entusiasmo, vendeu consistentemente por cerca de dez anos. Àquela altura, tanto a escrita como o mercado editorial estavam mudando tão rapidamente que comecei a pensar em atualizar o livro. Acabei por reescrevê-lo de cabo a rabo.

Ele ainda se destina aos escritores de histórias em busca de reflexão, discussão e prática dos fundamentos da prosa narrativa: seu som (pontuação, sintaxe, a frase, o verbo, o adjetivo); voz e ponto de vista (direto e indireto); o que se inclui e o que se deixa de fora. Cada capítulo inclui uma *discussão* do tópico, exemplos extraídos de bons escritores e *exercícios* que oferecem orientação na prevenção de armadilhas, a prática do controle e um senso do prazer de escrever, de tomar parte nos grandes e reais jogos de palavras.

Todo o material foi repensado para que ficasse mais claro, mais preciso e mais útil a quem escreve no século 21. Os exercícios beneficiaram-se um bocado da opinião dos leitores da primeira edição, que relataram quais funcionavam e quais não funcionavam, se as instruções eram claras ou confusas e assim por diante. As oficinas em grupo de pares* são tão importantes hoje em dia para tantos escritores que ampliei minha discussão sobre elas e as sugestões sobre como fazê-las funcionar, além de incluir mais coisas sobre grupos on-line.

Hoje, nossas escolas muitas vezes ensinam pouco sobre um conhecimento essencial e outrora comum, o vocabulário da gramática* – o discurso técnico sobre a linguagem e a escrita. Palavras tais como sujeito, predicado, objeto, ou adjetivo e advérbio, ou pretérito e pretérito mais-que-perfeito composto são compreendidas apenas parcialmente ou são totalmente desconhecidas por muitos. No entanto, são os nomes das ferramentas de quem escreve. São as palavras de que você precisa quando quer dizer o que está errado ou certo em uma frase. Um escritor que não as conhece é como um carpinteiro que não sabe diferenciar um martelo de uma chave de fenda. ("Ei, Pat, se eu usar aquele negócio meio pontiagudo ali, dá para enfiar essa coisa nesse pedaço de madeira?") Nessa revisão, embora eu não possa fazer um curso intensivo de gramática e norma culta, exorto meus leitores-escritores a considerarem o valor das maravilhosas ferramentas que seu idioma oferece e a se familiarizarem de verdade com elas, de modo que possam brincar livremente.

Nos últimos vinte anos, a própria escrita começou a ser compreendida de maneira diferente em muitos aspectos, enquanto o mercado editorial tem passado por mudanças avassaladoras e desconcertantes. Eu queria que meu livro refletisse os riscos e as chances de navegar as águas tempestuosas do mercado editorial – impresso e eletrônico – nos dias de hoje, sem nunca perder de vista as estrelas de navegação da arte narrativa: como a prosa funciona e como uma história avança.

Não há carta marítima para um barco em um furacão. Mas ainda há algumas maneiras básicas de torná-lo navegável e impedi-lo de emborcar, despedaçar-se ou bater em um iceberg.

O NAVEGANTE SOLITÁRIO E A TRIPULAÇÃO AMOTINADA

Oficinas colaborativas e grupos de pares são boas invenções. Eles colocam o escritor dentro de uma comunidade de pessoas que estão trabalhando na mesma arte, o tipo de grupo que músicos, pintores e dançarinos sempre tiveram. Um bom grupo de pares oferece encorajamento mútuo, competição amigável, discussão estimulante, prática de crítica* e apoio nas dificuldades. Se você quiser e puder juntar-se a um grupo, junte-se. Se anseia pelo estímulo de trabalhar com outros escritores, mas não consegue encontrar ou frequentar um grupo local, investigue as muitas possibilidades de formar um grupo ou aderir a um na internet. Vocês podem formar uma Tripulação Amotinada Virtual usando este livro juntos.

Mas, se não der certo, não se sinta enganado ou derrotado. Você pode participar de muitas oficinas de escrita coordenadas por escritores famosos ou ser membro de muitos grupos de pares e ainda assim não chegar mais perto de encontrar sua própria voz na escrita do que o faria trabalhando a sós em silêncio.

No final das contas, você escreve só. E, em última instância, somente você pode julgar seu trabalho. O juízo de que uma obra está completa – *era isso que eu queria fazer e eu defendo meu trabalho* – só pode vir de quem a escreve e só pode ser feito corretamente por quem aprendeu a ler a própria obra. A crítica de grupo é um ótimo treinamento para a autocrítica. Mas até bem recentemente nenhum escritor tinha esse treinamento, e ainda assim as pessoas aprenderam o que precisavam. Aprenderam fazendo.

O OBJETIVO

Este é essencialmente um livro de exercícios. Os exercícios são conscientizadores: o objetivo é esclarecer e intensificar sua percepção sobre certos elementos da escrita em prosa e certas técnicas e modos da narrativa. Uma vez que estejamos plena e claramente cientes destes elementos de nosso ofício, podemos usá-los e praticá-los até – o propósito de toda a prática – não termos de pensar mais neles de forma consciente, pois tornaram-se habilidades.

Uma habilidade é algo que você sabe como fazer. A habilidade na escrita liberta cada um para escrever o que quer escrever. Pode, ainda, mostrar-lhe o que quer escrever. O ofício capacita a arte.

Há sorte na arte. E há o dom. Você não pode conquistá-los. Mas pode aprender a habilidade, pode conquistá-la. Pode aprender a merecer seu dom.

Não discutirei a escrita como autoexpressão, como terapia ou como uma aventura espiritual.

Ela pode ser essas coisas, mas, em primeiro lugar – bem como em último –, trata-se de uma arte, um ofício, uma artesania. E nisso encontra-se a sua alegria.

Fazer algo bem é entregar-se ao que se faz, buscar plenitude, seguir o espírito. Pode-se levar a vida inteira para aprender a fazer algo bem. Vale a pena.

NARRATIVA

Todos os exercícios deste livro tratam dos elementos básicos da narrativa: como uma história é contada, o que a move e o que a atravanca, começando nos níveis básicos dos elementos do idioma.

Os tópicos são:
- o som do idioma;
- pontuação, sintaxe, a frase narrativa e parágrafo;
- ritmo e repetição;
- adjetivos e advérbios;
- tempos e pessoas verbais;
- voz e ponto de vista;
- narração implícita: transmissão de informações;
- aglomeração, salto, foco e controle.

No que diz respeito aos exercícios, não importa se você escreve ficção ou não ficção – narrativa é narrativa. A maioria das aulas ou cursos de redação na escola e na faculdade concentra-se no texto expositivo – em dar informações, explicar. Falam em "exprimir ideias", mas não sobre contar histórias. Algumas das técnicas e dos valores da escrita expositiva são irrelevantes e mesmo problemáticos na escrita narrativa; o treino na linguagem elaboradamente irresponsável da burocracia ou na linguagem artificialmente impessoal da tecnologia e da ciência pode ser uma forma de comer a língua de quem conta histórias. Certos problemas podem ser específicos da biografia ou da ficção, e mencionarei aqueles que conheço, mas em geral todas as pessoas que contam histórias trabalham praticamente do mesmo modo, com a mesma caixa de ferramentas.

Uma vez que se trata de narrativa, tente fazer de cada exercício não uma cena estática, mas o relato de um ato ou ação, de algo *acontecendo*. Não precisa ser "ação" no sentido pancadaria; pode ser uma jornada pelo corredor de um supermercado ou alguns pensamentos fluindo dentro de uma cabeça. O que precisa acontecer é movimento – a cena deve terminar em um lugar diferente daquele onde começou. É isso que a narrativa faz. Ela vai. Ela progride. História é mudança.

SUGESTÕES PARA O USO DOS EXERCÍCIOS

Pense um pouco sobre as instruções de cada exercício antes de começar a escrever. Elas podem não ser tão simples quanto parecem. Segui-las tornará o exercício útil.

Se você e este livro estiverem a sós, sugiro que trabalhe nele metodicamente, fazendo os exercícios em ordem. Quando tiver trabalhado em um exercício até estar mais ou menos satisfeito com ele, guarde-o e proíba-se de olhá-lo novamente por um tempo. Uma das poucas coisas em que a maioria dos escritores concorda é que não podemos confiar em nosso julgamento a respeito de nosso próprio trabalho recém-escrito. Para enxergar suas falhas e virtudes, precisamos olhá-lo após um intervalo real: um dia ou dois, pelo menos.

Em seguida, releia sua obra com um olhar amigável, esperançoso e crítico, tendo a revisão em mente. Se eu oferecer sugestões específicas de crítica em relação ao exercício, use-as nesse momento. Leia o texto em voz alta, já que falá-lo e ouvi-lo mostrará trechos desajeitados e falhas no ritmo e poderá ajudar você a tornar o diálogo natural e vivaz. Em geral, procure pelo que é verboso, feio, confuso, desnecessário, professoral, descuidado – aquilo que quebra o ritmo, que não funciona. Procure o que funciona, admire-o e veja se pode trazê-lo ainda mais à tona.

Se você faz parte de uma Tripulação Amotinada, recomendo que siga o procedimento descrito no apêndice "A oficina em grupo de pares". Todas as minhas sugestões de trabalho em grupo são baseadas nesse procedimento. Eu o usei em todas as oficinas que dei e em todos os grupos de pares aos quais pertenci. Funciona.

Os textos resultantes dos exercícios não precisam ser altamente polidos; não precisam ser literatura imortal. Você pode aprender muito ao revisá-los. Se conduzirem você a algo maior, isso é ótimo, mas, para serem bem-sucedidos como exercícios, tudo o que precisa fazer é o que as instruções pedem que seja feito. A maioria será muito curta – um parágrafo, uma página ou algo assim. Se você estiver trabalhando em grupo e lendo seus textos em voz alta, a brevidade será necessária. E escrever em uma extensão curta e definida é uma excelente disciplina por si só. É claro que seu texto pode crescer mais tarde, caso o leve a algo interessante.

As pessoas em minhas oficinas disseram-me que seria útil se eu sugerisse um assunto ou mesmo uma trama ou situação específicos para cada exercício. Eu forneço tais sugestões, mas você não precisa usá-las. Elas são voltadas àqueles que não querem ficar sentados inventando um universo a fim de escrever um exercício.

Se você estiver trabalhando em grupo, pode optar por escrever alguns dos exercícios durante o encontro. Após a discussão do exercício, cada pessoa começa a trabalhar nele. Silêncio: rabisco rabisco rabisco. Meia hora é o tempo limite absoluto. Em seguida, cada um lê seu texto em voz alta, ainda quente no papel. A pressão muitas vezes traz à tona uma escrita refinada e surpreendente. A escrita em classe é tremendamente útil para pessoas que não estão acostumadas a produzir sob pressão e pensam que não são capazes de fazê-lo. (Elas são.) O Navegante Solitário pode conseguir basicamente o mesmo efeito ao estabelecer um limite de tempo de meia hora.

Cada seção de um tópico introduz algumas questões para pensar ou discutir, sobre as quais o Navegante Solitário pode refletir à vontade ou que podem ajudar a iniciar um debate em grupo.

A maioria dos capítulos inclui breves exemplos de várias técnicas, extraídos de escritores de habilidade notável. Tente lê-los em voz alta, no grupo ou para si mesmo. (Não tenha medo de ler em voz alta sozinho! Você só se sentirá tolo por um instante, e o que aprende ao ler em voz alta pode durar uma vida inteira.) Os exemplos não pretendem influenciar sua abordagem do exercício, apenas mostrar uma variedade de abordagens do problema técnico em questão.

Se mais tarde você quiser tentar imitar um ou outro deles, faça isso. Estudantes de composição e pintura imitam deliberadamente grandes obras de música e arte como parte de seu treinamento. O culto à originalidade levou os professores de escrita a tratar a imitação como se fosse desprezível. Atualmente, confusos diante dos descuidados empréstimos corriqueiros na internet, muitos escritores não conhecem a diferença entre o plágio, que *é* desprezível, e a imitação, que é útil. A intenção importa. Se você tentar passar o texto como seu, trata-se de plágio, mas se colocar seu nome em um parágrafo "à moda de" um autor publicado, é apenas um exercício. Escrito seriamente, não como paródia ou pastiche, pode ser um exercício exigente e revelador. Falo um pouco mais sobre isso na página 176.

A maioria dos exemplos citados no livro foram retirados de obras de ficção mais antigas, porque a permissão para citar obras contemporâneas é frequentemente cara ou indisponível, e porque eu amo e estou familiarizada com elas. Muitas pessoas vêm sendo afugentadas dos "clássicos" por professores inadequados ou levadas a crer que escritores aprendem apenas com seus contemporâneos. Uma pessoa que quer escrever coisas boas precisa ler coisas ótimas. Se você não ler de modo amplo, ou se ler apenas escritores da moda no momento, terá uma ideia limitada do que pode ser feito com a língua em que escreve.

Os exemplos e as sugestões de leituras adicionais dão bons temas para discussões em grupo ou para estudo particular: "O que essa escritora está fazendo, como ela está fazendo, por que está fazendo, será que eu gosto?". Encontrar outros exemplos, trazê-los para o grupo e discuti-los poderia ser proveitoso para todos da tripulação. E o Navegante Solitário pode encontrar guias, companheiros e amigos queridos entre os escritores que também navegaram esses mares e descobriram seu caminho através dos recifes e bancos de areia.

Nota: Uso a linguagem técnica o mínimo possível, mas todo ofício precisa de seu jargão, por isso anexei um pequeno glossário de termos técnicos ou chiques. A primeira vez que uso essas palavras, marco-as com um asterisco.

Como criar histórias

*
*Ela escorregou esguia como um peixe prateado
através do gorgolejo estalado das ondas do mar.*
*

1

O som da sua escrita

O som do idioma é onde tudo começa. O teste de uma frase é: "Soa bem?". Os elementos básicos da linguagem são físicos: o barulho que as palavras fazem, os sons e silêncios que criam os ritmos marcando as relações entre elas. Tanto o significado como a beleza da escrita dependem desses sons e ritmos. Isso é tão verdadeiro para a prosa como para a poesia, embora os efeitos sonoros da prosa sejam geralmente sutis e sempre irregulares.

A maioria das crianças gosta do som do idioma em si. Elas rolam em repetições e deliciosos sons-palavras e na crocante e serpentina onomatopeia*; apaixonam-se por palavras musicais ou impressionantes e usam-nas em todos os lugares errados. Alguns escritores mantêm esse interesse primordial e esse amor pelos sons do idioma. Outros "superam" seu senso oral/auditivo no que estão lendo ou escrevendo. Essa é uma perda total. Perceber como sua própria escrita soa é uma habilidade essencial para quem escreve. Felizmente, ela é bastante fácil de cultivar, aprender ou reavivar.

Bons escritores, assim como bons leitores, têm um ouvido da mente. De modo geral, lemos prosa em silêncio, mas muitos leitores têm um ouvido interno aguçado que a ouve. Entediante, entrecortada, monótona, descompassada, frouxa: essas críticas comuns à narrativa são todas falhas em seu som. Vivaz, bem cadenciada, fluida, forte, bela: essas são todas qualidades do som da prosa, e regozijamo-nos com elas enquanto lemos. Escritores de narrativa precisam treinar o ouvido da mente para escutar a própria prosa, para ouvir enquanto escrevem.

O principal dever de uma frase narrativa é levar à próxima frase – manter a história em andamento. *Movimento progressivo*, *cadência* e *ritmo* são palavras que retornarão com frequência neste livro. Cadência e movimento dependem, acima de tudo, do ritmo, e a principal maneira de sentir e controlar o ritmo de sua prosa é ouvindo-a – escutando-a.

Transmitir um ato ou uma ideia não é tudo o que uma história faz. Uma história é composta do idioma, e o idioma pode expressar – e expressa – deleite em si mesmo, assim como a música. A poesia não é o único tipo de escrita que pode soar esplêndida. Considere o que se passa nestes quatro exemplos. (Leia-os em voz alta! Leia-os em voz alta!)

Exemplo 1

As *Just So Stories* são uma obra-prima de vocabulário exuberante, ritmos musicais e fraseado dramático. Rudyard Kipling permitiu que gerações de crianças soubessem como uma história pode *soar* absurdamente bela. E não há nada nem no absurdo nem na beleza que a restrinja às crianças.

Rudyard Kipling: "How the Rhinoceros Got His Skin" ["Como o Rinoceronte conseguiu sua pele"], em *Just So Stories* [*Histórias bem assim*]

Era uma vez uma ilha desabitada às margens do Mar Vermelho, onde vivia um Parse, de cujo chapéu os raios do sol eram refletidos em um esplendor mais--que-oriental. E o Parse vivia junto ao Mar Vermelho com nada além de seu chapéu e sua faca e um forno-de-cozinhar do tipo em que não se deve tocar nunca. E um dia ele pegou farinha e água e groselhas e ameixas e açúcar e coisas e fez para si um bolo que tinha mais de meio metro de largura por quase um de espessura. Era de fato um Comestível Superior (*isso é mágica*), e ele colocou-o no forno pois a *ele* era permitido cozinhar naquele forno, e assou-o e assou-o até que o bolo ficou todo pronto e dourado e com um perfume muito fofo. Mas, assim que ia comê-lo, eis que veio pela praia do Interior Inteiramente Inabitado um Rinoceronte com um chifre em seu nariz, dois olhos gulosos e poucos modos. [...] E o Rinoceronte perturbou o forno a óleo com seu nariz, e o bolo rolou na areia, e ele espetou aquele bolo no chifre de seu nariz e comeu-o e foi-se embora, balançando a cauda, para o desolado e Exclusivamente Inabitado Interior, que toca as Ilhas de Mazanderan, Socotra e os Promontórios do Equinócio Maior.

Exemplo 2

Esta passagem de uma das primeiras histórias de Mark Twain, "The Celebrated Jumping Frog of Calaveras County", é totalmente auditiva/oral, e sua beleza jaz em suas cadências irresistivelmente dialetais. Há muitos modos de ser esplendoroso.

Mark Twain: "The Celebrated Jumping Frog of Calaveras County" ["A célebre rã saltadora do condado de Calaveras"]

Bom, esse aí, o Risadinha, tinha cachorro rateiro e galo de briga e gatão e todo tipo de bicho, até nem dar pra descansar, e não dava pra trazer nada de apostar que ele já tinha um igual. Um dia, ele arrumou uma rã e levou pra casa e disse que pretendia educar a criatura; aí passou três meses enfurnado no quintal de casa ensinando a rã a pular. E pode apostar que cumpriu. Dava-lhe um peteleco na traseira e no minuto seguinte se via aquela rã rodopiando no ar que nem rosca – se via a rã dar um salto mortal, às vezes dois se tivesse partido ligeira, e cair com as patas no chão e direitinha, parecia era gato. Ele iniciou a rã também na começão de mosca, e de tanto que fez a bicha treinar ela pegava qualquer mosca até onde o olho podia ver. Risadinha disse que o que as rãs precisavam era de educação, e ele podia de quase um tudo – botei fé nele. Como que não, se eu tinha visto ele colocar Dani Webster bem aqui nesse piso – Dani Webster era o nome da rã – e cantarolar "Mosquim, Dani, mosquim!", e num piscar de olhos ela ficava retinha e dava uma pirueta, rapava a mosca com a língua lá no balcão e depois descaía de novo no chão qual naco de barro e coçava o ladacabeça com as patinhas de trás como se nem fosse com ela, qual fosse façanha de rã qualquer. Impossível algumoutra rã tão humilde e honesta, com o dom que a danada tinha. E quando se falava de salto vindo de piso plano, essa rã ia mais longe com uma pernada que qualquer bicho igual. Saltar de piso plano era o forte dela, compreende? E nesse pormenor, Risadinha botava qualquer dinheiro nela se tivesse um trocado. Risadinha tinha um orgulho monstro da rã, e não era à toa, porque uns tipos viajados e do mundo disseram que ela superava qualquer rã que eles jamais botaram olho.

Exemplo 3

No primeiro exemplo, o esplendor mais-que--oriental da linguagem e, no segundo, as cadências auditivas irresistíveis da fala mansa continuam a mover a história adiante. Neste exemplo e no seguinte, o vocabulário é simples e familiar; é acima de tudo o ritmo que é poderoso e eficaz. Ler as frases de Hurston em voz alta é ser capturado por sua música e ritmo, seu impulso hipnótico, fatal, progressivo.

Zora Neale Hurston: *Seus olhos viam Deus*[1]

Assim, tudo começou com uma mulher, que voltava de enterrar os mortos. Não mortos por doença, que haviam agonizado com amigos à cabeceira e aos pés da cama. Voltava dos encharcados e inchados; a morte súbita, os olhos arregalados em julgamento.

Todo mundo a viu voltar, porque foi ao entardecer. O sol já desaparecera, mas deixara suas pegadas no céu. Era a hora de sentar nas varandas que davam para a rua. Era a hora de saber das notícias e conversar. Essas pessoas sentadas não tinham

....

1. HURSTON, Zora Neale. *Seus olhos viam Deus*. Tradução de Marcos Santarrita, revisão de tradução de Messias Basques. Rio de Janeiro: Record, 2021. [N. E.]

tido um conforto para as línguas, ouvidos e olhos o dia todo. Mulos e outras bestas haviam ocupado suas peles. Mas agora o sol e o capataz tinham ido embora, e as peles pareciam fortes e humanas. Elas tornavam-se senhoras dos sons e outras coisas menores. Por aquelas bocas passavam nações. Passavam julgamentos.

Ver a mulher, no estado em que vinha, os fez lembrar a inveja guardada de outros tempos. Por isso mastigavam o fundo da mente e engoliam com prazer. Faziam das perguntas tórridas afirmações, e das risadas ferramentas mortais. Crueldade em massa. Nascia um estado de espírito. Palavras andavam sem dono; andavam juntas como harmonia numa música.

Exemplo 4

Na passagem a seguir, Tom, um rancheiro de meia-idade, está lidando com o ataque precoce do câncer que, ele sabe, o matará. A prosa de Molly Gloss é silenciosa e sutil; seu poder e sua beleza vêm do posicionamento perfeito e da afinação temporal das palavras, da música de seu som e do modo como os ritmos mutantes das frases incorporam e expressam as emoções das personagens.

Molly Gloss: *The Hearts of Horses*
[*O coração dos cavalos*]

Seu bando de galinhas já havia ido para o poleiro, e o pátio estava quieto – galinhas começam a anunciar-se horas antes do amanhecer, como se não pudessem esperar pelo início do dia, mas interessam-se igualmente em ir para a cama cedo. Tom já estava acostumado a continuar dormindo durante a convocação da manhã, toda a família estava, mas nas últimas semanas ele vinha acordando logo que ouvia as primeiras galinhas cacarejarem, antes mesmo de os galos principiarem o toque de alvorada. Os sons que faziam naqueles primeiros momentos escuros do dia começaram a lhe parecer tão suaves e devocionais como um sino do Ângelus. E ele tinha começado a temer as noites – a desejar, como as galinhas, deitar-se na cama e fechar os olhos assim que as sombras se alongassem e a luz começasse a escapar do céu.

Ele adentrou o depósito de lenha e sentou-se em uma pilha de madeira e descansou os cotovelos sobre os joelhos e balançou-se em vaivém. Sentia o corpo inchado com algo inexprimível, e pensou que, se pudesse apenas chorar, começaria a sentir-se melhor. Sentou-se e balançou-se e por fim começou a chorar, o que não aliviou nada, mas então passou a ser atormentado pela tosse e grandes soluços que prosseguiram até que o que quer que tivesse se acumulado dentro dele fosse ligeiramente liberado. Quando a respiração se acalmou, ele seguiu sentado, balançando em vaivém por um bom tempo, olhando para as botas, que estavam cobertas de esterco e pedaços de feno. Então limpou os olhos com o lenço e entrou em casa e sentou-se para jantar com a esposa e o filho.

LEITURA ADICIONAL

A cor púrpura, de Alice Walker, é notável pelo som esplêndido de sua linguagem. Para ritmos silenciosamente poderosos, ver o livro *The Country of the Pointed Firs*, de Sarah Orne Jewett, ou o belo *Canto da planície*, de Kent Haruf, sobre o oeste norte-americano.

A fantasia é uma forma de narrativa essencialmente dependente do idioma, e vários clássicos da prosa inglesa, como *Alice no País das Maravilhas*, são fantasias. Mas mantenha seus ouvidos abertos ao ler escritores que você talvez não associe à beleza auditiva; talvez perceba que muito do significado chegou até você por meio do som e do ritmo das palavras.

EXERCÍCIO UM
Ser deslumbrante

Parte Um: Escreva de um parágrafo a uma página de narrativa para ser lida em voz alta. Use onomatopeias, aliterações*, repetições, efeitos rítmicos, palavras ou nomes inventados, dialeto – qualquer tipo de efeito sonoro de que você goste – *mas NADA de rima ou metro*.

Quero que você escreva por prazer – para brincar. Apenas escute os sons e ritmos das frases que escrever e brinque com eles, como uma criança com um *kazoo*. Não se trata de "escrita livre", mas assemelha-se a ela na medida em que você vai relaxar o controle: estará encorajando as próprias palavras – seus sons, batidas e ecos – a guiá-lo adiante. Por enquanto, esqueça todos os bons conselhos que dizem que o bom estilo é invisível, que a boa arte esconde a arte. Exiba-se! Use toda a orquestra que seu maravilhoso idioma lhe oferece!

Escreva para crianças, se for o jeito de dar-se a permissão para se soltar. Escreva para seus ancestrais. Use qualquer voz narrativa de que goste. Se estiver familiarizado com um dialeto ou sotaque, use-o no lugar da língua padrão. Seja muito barulhento ou sussurre. Tente reproduzir a ação no movimento brusco ou fluido das palavras. Faça acontecer o que acontece nos sons das palavras, nos ritmos das frases. Divirta-se, solte-se, brinque, repita, invente, sinta-se livre.

Lembre-se: sem rimas, sem metros regulares. Trata-se de prosa, não de poesia!

Eu hesito em sugerir qualquer "enredo", mas, caso precise de algum tipo de gancho em que pendurar as palavras, você pode tentar contar o clímax de uma história de fantasmas. Ou inventar uma ilha e começar a caminhar por ela – o que acontece?

Parte Dois: Em cerca de um parágrafo, descreva uma ação ou uma pessoa sentindo uma forte emoção – alegria, medo, luto. Tente fazer com que o ritmo e o movimento das frases incorporem ou representem a realidade física sobre a qual você está escrevendo.

Interpretar e escutar esses textos em grupo pode ser muito divertido. Não há necessidade de muita crítica. A melhor resposta a um texto performático bem-sucedido é o aplauso.

Caso esteja trabalhando sozinho, leia seus textos em voz alta; interprete-os com vigor. Fazer isso quase certamente o levará a melhorar o texto aqui e ali, a brincar um pouco mais com ele, a tornar seu som ainda mais forte e vivaz.

Para pensar ou discutir depois: Concentrar-se no som da escrita liberou ou permitiu algo incomum ou surpreendente, uma voz que você não tem usado com frequência? Você sentiu prazer em ser deslumbrante ou foi difícil? Consegue dizer por quê?

A questão de praticar a "bela escrita" de modo consciente é digna de reflexão e discussão. Como você responde à obra de um romancista ou ensaísta que visivelmente se esforça para escrever uma prosa marcante ou poética usando palavras incomuns ou arcaicas, combinando palavras de uma maneira surpreendente, buscando efeitos sonoros? Você a aprecia? O estilo consciente funciona como prosa? Intensifica o que se está dizendo ou o distrai do assunto?

Nomes são sons interessantes, e os nomes das personagens, o seu som e as ecoalusões escondidas neles, podem ser intensamente expressivas: Uriah Heep... Jane Eyre... Amada... Nomes de lugares também: o condado de Yoknapatawpha de Faulkner, a assombrosa Lothlórien de Tolkien ou sua simples e ainda assim profundamente evocativa Terra-média. Pode ser divertido pensar em nomes na ficção e no que há em seu som que os torna significativos.

Ser deslumbrante é um exercício altamente repetível, por sinal, e pode servir como um aquecimento para a escrita. Tente estabelecer um clima por meio de efeitos sonoros verbais. Olhe para a vista pela janela, ou para a bagunça na mesa, ou lembre-se de algo que aconteceu ontem ou de algo esquisito que alguém disse, e construa uma frase deslumbrante, ou duas ou três, a partir disso. É possível que o faça entrar no ritmo.

*
*Maldito ponto e vírgula gritou
o capitão a toda velocidade.*
*

2

Pontuação e gramática

A poeta Carolyn Kizer disse-me certa vez: "Os poetas estão interessados principalmente na morte e nas vírgulas". Talvez os contadores de histórias estejam interessados principalmente na vida e nas vírgulas.

Se você não se interessa por pontuação ou tem medo dela, está perdendo algumas das mais belas e elegantes ferramentas que quem escreve tem para trabalhar.

Este tópico está intimamente relacionado com o anterior, pois a pontuação diz a quem ler *como ouvir* sua escrita. É para isso que serve. As vírgulas e os pontos-finais fazem emergir a estrutura gramatical de uma frase; tornam-na clara à compreensão e às emoções ao mostrar como soa – onde vêm as pausas, onde fazer uma pausa.

Caso leia partitura, você saberá que as pausas são sinais de silêncio. Os sinais de pontuação servem basicamente ao mesmo propósito.

O ponto-final indica parada por um momento o ponto e vírgula indica pausa e a vírgula indica pausa muito breve ou a espera por alguma mudança o travessão é uma pausa que separa uma frase

Essas palavras fazem sentido se você trabalhar um pouco nelas. O trabalho que você faz para dar-lhes sentido é pontuá-las.

Há algumas regras firmes de pontuação, mas quase sempre envolve uma boa dose de escolha pessoal. Esta é a maneira como eu faria neste caso:

O ponto-final indica parada – por um momento. O ponto e vírgula indica pausa; e a vírgula indica pausa muito breve ou a espera por alguma mudança. O travessão é uma pausa que separa uma frase.

Algumas escolhas alternativas são possíveis, mas as escolhas *erradas* alteram o sentido ou perdem-no completamente:

O ponto-final indica parada. Por um momento, o ponto e vírgula indica pausa e a vírgula indica. Pausa muito breve ou a espera por alguma. Mudança o travessão. É uma pausa que separa uma frase?

Certas pessoas que são ambiciosas em relação à sua escrita e trabalham duro nela de outras maneiras não se preocupam com a pontuação. Quem se importa com onde se põe uma vírgula? Em tempos míticos, escritores desleixados podiam contar com preparadores de texto para pôr as vírgulas em seus devidos lugares e corrigir erros gramaticais, mas o preparador de textos é uma espécie ameaçada hoje em dia. Quanto àquela coisa em seu computador que finge corrigir a pontuação ou a gramática, desative-a. Esses programas têm um nível lamentavelmente baixo de competência; vão picotar suas frases e estupidificar sua escrita. A competência cabe a você. Você está por conta própria no que se refere a esses pontos e vírgulas devoradores de homens.

Não posso separar a pontuação da gramática, porque, em grande medida, aprender a escrita gramatical é aprender a pontuar, e vice-versa.

Todo escritor que conheço tem pelo menos um manual de gramática para consultar em casos de dúvida. Editores frequentemente insistem em *The Chicago Manual of Style*[1] como autoridade final, mas seus mandamentos absolutos e muitas vezes arbitrários, via de regra destinados à escrita expositiva, nem sempre se aplicam à narrativa. O mesmo pode ser dito da maioria dos manuais de estilo editados por faculdades. Eu uso um manual antigo, *The Elements of Style*, de Strunk e White. É honesto, claro, divertido e útil. Como todos os gramáticos, Strunk e White são implacáveis em suas opiniões, portanto foi inevitável que um movimento de oposição crescesse. É possível encontrar guias mais novos e modernos. Um manual brilhante e confiável, recentemente revisado, é *The Well-Tempered Sentence: A Punctuation Handbook for the Innocent, the Eager, and the Doomed*, de Karen Elizabeth Gordon.

Desde os gregos, e mesmo na Idade das Trevas, as escolas ensinavam gramática como fundamento e elemento essencial da educação. Nos Estados Unidos, as primeiras séries costumavam ser chamadas de "escola gramatical".

....

1. *The Chicago Manual of Style* é um guia de referência que oferece noções e normas de gramática, estilo e editoração; no Brasil, algo aproximado seria o *Manual da redação*, editado pela Publifolha, ainda que este seja dedicado ao jornalismo. [N. E.]

No entanto, perto do final do século passado, muitas de nossas escolas praticamente deixaram de ensinar gramática. De alguma forma, devemos ser capazes de escrever sem saber nada a respeito do equipamento que usamos. Supõe-se que devemos "nos expressar", espremer o suco de laranja de nossas almas, sem que nos seja dado nada para fazê-lo, nem mesmo uma faca para cortar a laranja.

Esperamos que alguém conserte a pia de nossa cozinha sem ferramentas? Esperamos que alguém se levante e toque violino sem ter aprendido a tocar violino? Escrever uma frase que expresse o que se quer dizer não é mais fácil do que entender encanamentos ou usar um arco. É preciso o ofício.

ARTIGO DE OPINIÃO: CORREÇÃO E MORALIDADE

Muitos de nós acreditamos no professor que nos repreendia na segunda série – "Billy, é errado dizer 'Tu é'. Diga 'Tu és'". Muitos de nós nos curvamos diante dos valentões da gramática que nos falam que as pessoas que dizem "esperançosamente" estão erradas. Esperançosamente[2], alguns de nós continuaremos a protestar.

A moralidade e a gramática estão relacionadas. Os seres humanos vivem de acordo com a palavra. Sócrates disse: "O mau uso da linguagem induz o mal na alma". Há muito tempo tenho essa frase pendurada sobre minha mesa.

Mentir é o mau uso deliberado da linguagem. Mas o mau uso da linguagem por "mera" ignorância ou descuido gera meias-verdades, mal-entendidos e mentiras.

Nesse sentido, a gramática e a moralidade estão relacionadas. Nesse sentido, o dever moral de quem escreve é usar a linguagem cuidadosamente e bem.

Mas Sócrates não estava falando de correção. Moralmente, o uso correto não é "certo" nem a incorreção "errada". A correção não é uma questão

....

2. No original, *hopefully*, um advérbio, que modifica ou comenta o sentido de uma frase. A crítica ao uso dos advérbios refere-se ao fato de que advérbios aplicados a frases inteiras poderiam levar a ambiguidades. Assim, "Esperançosamente, alguns de nós continuaremos a protestar" poderia indicar tanto a esperança de que alguns de nós continuemos a protestar ("esperançosamente" modificando toda a frase) como o fato de que continuaremos a protestar de maneira esperançosa ("esperançosamente" modificando "continuaremos a protestar"). No caso, Le Guin trabalha justamente com o entrelugar. [N. T.]

moral, mas social e política, muitas vezes uma definição de classe social. O uso correto é definido por um grupo daqueles que falam e escrevem de certa forma e usado como um teste ou *shibboleth* para formar um grupo interno daqueles que falam e escrevem dessa forma e um grupo externo daqueles que não o fazem. E adivinhe qual dos grupos têm poder?

Detesto a presunção dos valentões da correção e desconfio de seus motivos. Mas tenho de andar no fio da navalha neste livro, porque o fato é que a norma culta, particularmente na escrita, é uma questão social, um acordo social geral sobre como nos fazemos entender. Sintaxe* incoerente, palavras equivocadas, pontuação mal colocada, tudo isso prejudica o sentido. A ignorância no que se refere às regras arruína as frases. Na prosa escrita, a incorreção da norma culta, a menos que faça parte de um dialeto consciente e consistente ou de uma voz pessoal, é desastrosa. Um erro flagrante da norma pode invalidar toda uma história.

Como um leitor pode confiar em uma escritora que ignora o meio no qual trabalha? Quem consegue dançar para um violinista que toca fora do tom?

Nossos padrões para a escrita são diferentes dos para a fala. Têm de ser, pois, quando lemos, não temos a voz do enunciador e a expressão e entonação capazes de tornar claras frases inacabadas e palavras mal utilizadas. Temos apenas as palavras. Elas devem ser claras. E deixar as coisas claras por escrito para estranhos envolve muito mais trabalho do que falar cara a cara.

Daí vêm algumas das armadilhas da escrita na internet, intensamente visíveis em e-mails, blogs e comentários de blogs. A facilidade mecânica e o imediatismo da comunicação eletrônica são enganadores. As pessoas escrevem apressadamente, não releem o que escreveram, leem mal e são mal lidas, entram em querelas, lançam insultos e usam lança-chamas porque esperam que sua escrita seja compreendida como se estivessem falando.

É infantil presumir que as pessoas compreenderão significados não expressos. É perigoso confundir autoexpressão com comunicação.

Quem lê tem apenas as palavras. Emojis são desculpinhas deprimentes para uma falha na comunicação de sentimentos e intenções em palavras. Usar a internet é fácil, mas passar o que você quer dizer lá é tão difícil quanto nas publicações impressas. Talvez ainda mais, porque parece que muitas pessoas leem de forma mais precipitada e descuidada na tela do que no papel.

A escrita pode ter um caráter de conversação e informalidade, mas, para comunicar pensamentos ou emoções com qualquer tipo de complexidade, ela deve seguir os acordos gerais: as regras gramaticais e a norma culta compartilhadas. Ou, caso as quebre, deve quebrá-las intencionalmente. Para quebrar uma regra, é preciso conhecê-la. Um deslize não é uma revolução.

Se você não conhece as regras reais, pode cair nas falsas. Continuo deparando-me com Falsas Regras de Boa Escrita baseadas em um vocabulário gramatical enganoso. Eis um exemplo:

> Falsa Regra: frases que começam com "Há..." estão no tempo passivo. Bons escritores nunca usam o tempo passivo.[3]

Bons escritores usam a construção existencial o tempo todo. "Havia uma aranha viúva-negra na parte de trás de seu pulso." "Ainda há esperança." Chama-se construção existencial e é usada para
....

---

3. A confusão citada pela autora, na qual se assume que as construções existenciais estão no tempo passivo, em geral não acontece na língua portuguesa. O que frequentemente ocorre, por outro lado, é a tomada do objeto direto por sujeito: nos exemplos citados no parágrafo seguinte, os objetos diretos são "uma aranha viúva-negra" e "esperança". Nesse caso, o efeito de impessoalidade decorre justamente da ausência do sujeito da oração, chamada oração sem sujeito ou com sujeito inexistente. [N. E.]

introduzir um substantivo. É bastante básica e muito útil.

Não existe um "tempo passivo". Passivo e ativo não são tempos, são vozes verbais. Cada voz é útil e correta onde apropriada. Bons escritores usam ambas.

Burocratas, políticos, administradores etc. usam a construção "Há..." para evitar assumir a responsabilidade por uma declaração. Eis o governador Rick Scott falando da ameaça de furacão à Convenção Republicana na Flórida: "Não há antecipação de que haverá um cancelamento". Você pode ver como a construção inocente e útil ganhou má fama.

E aqui está um exemplo de violação deliberada de uma Falsa Regra:

> Falsa Regra: O pronome genérico em inglês é *ele* [he].
> Violação: "Uma pessoa de cada vez, leia seu [their] texto em voz alta."

Isso é errado, dizem os valentões da gramática, porque *cada pessoa* está no singular, mas o pronome *their* é plural. Mas Shakespeare usou *their* com palavras como *todo mundo*, *alguém*, *uma pessoa*, e assim fazemos todos quando falamos. ("É o suficiente para fazer qualquer um [*anyone*] perder a sua [*their*] razão", disse George Bernard Shaw.)

Os gramáticos começaram a nos dizer que isso era incorreto ao longo do século 16 ou 17. Foi quando eles também declararam que o pronome ele [*he*] inclui ambos os sexos, como em: "Se alguém precisa de um aborto, ele deve ser obrigado a dizer a seus pais".

Meu uso de *their* é socialmente motivado e, se você quiser, politicamente correto: uma resposta deliberada à proibição social e politicamente significativa de nosso pronome sem gênero por parte dos legisladores da língua que impõem a noção de que o sexo masculino é o único que conta. Eu sistematicamente quebro uma regra que considero não apenas falsa, mas perniciosa. Sei o que estou fazendo e por quê.[4]

E é isso o importante para quem escreve: saber o que está fazendo com seu idioma e por quê. Isto envolve conhecer a norma culta e a pontuação bem o suficiente para usá-las de forma hábil, não

....

4. Na língua portuguesa, ocorre o mesmo: o masculino é considerado semântica e morfologicamente o gênero não marcado, ou seja, designa tanto elementos do gênero feminino como do masculino. Essa utilização genérica do masculino tem sido contestada por meio de propostas como a da linguagem não binária de gênero. [N. E.]

como regras que travam a escrita, mas como ferramentas úteis.

Veja a passagem de "A rã saltadora" (na página 33): o uso da norma culta é deliberadamente "incorreto", mas a pontuação é impecável e desempenha um papel tremendo em manter as normas dialetais e as cadências claras ao ouvido de quem lê. A pontuação descuidada torna uma frase escrita confusa e feia. A pontuação sábia mantém o fluxo continuamente límpido. E isso é o que importa.

O exercício é puramente conscientizador. Quero fazer você pensar sobre o valor da pontuação ao proibir seu uso.

~~~~~~~~

EXERCÍCIO DOIS
Seria eu Saramago

Escreva de um parágrafo a uma página (150-350 palavras) de narrativa *sem pontuação* (e sem parágrafos ou outros dispositivos de pausa).

Assunto sugerido: Um grupo de pessoas envolvidas em uma atividade apressada ou agitada ou confusa, como uma revolução, a cena de um acidente ou os primeiros minutos de uma liquidação de apenas um dia.

~~~~~~~~~~~~~~

Para um grupo: Apenas dessa vez, deixe o grupo ler o texto primeiro em silêncio. É provável que, lido em voz alta pelo autor, não será muito difícil segui-lo. Quão compreensível ficou sem a voz do autor?

Para pensar ou conversar ao criticar o exercício: Até que ponto o fluxo ininterrupto de palavras encaixa-se no assunto? Até que ponto o fluxo não pontuado chega a moldar a narrativa?

Para pensar a respeito depois de tê-lo escrito: Como foi escrevê-lo; como o exercício diferenciou-se da escrita com os sinais de pontuação e guias e pausas habituais; se levou-o a escrever de maneira diferente da usual ou deu-lhe uma abordagem diferente para algo que tentou escrever. O processo foi valioso? O resultado é legível?

Se a pontuação é algo em que você geralmente evita pensar, eis aqui um desafio: sente-se só, leia alguns parágrafos de um livro de que gosta e admire e estude apenas a pontuação. O que a autora está fazendo, por que ela quebrou a frase daquela maneira, por que queria uma pausa ali, quanto do ritmo da prosa é de fato estabelecido pela pontuação, como isso é feito?

Uma semana depois: Pode ser interessante, agora, retomar o texto feito na oficina e pontuá-lo. A passagem não pontuada tinha de encontrar uma maneira de tornar-se clara sem pontuação. Para pontuar, pode ser necessário reescrevê-la. Qual versão você acha que funciona melhor?

Uma frase em quatro partes que li quando criança em um livro de charadas demonstra de forma espetacular o Poder da Pontuação em geral e o Propósito do Ponto e Vírgula em particular. Sem pontuação, fica assim:

> Tudo aquilo que é é tudo aquilo que não é não é aquilo que é não é aquilo que não é isso é tudo.

Tudo de que você precisa para dar sentido são três pontos e vírgulas. Seria possível usar apenas pontos-finais, mas a frase ficaria entrecortada.

*
*O vento morreu. A vela tombou frouxa. O barco
desacelerou, parou. Estávamos na calmaria.*
*

3

Extensão da frase e sintaxe complexa

A frase é uma entidade misteriosa, e não vou tentar dizer o que ela é, apenas falar sobre o que faz.

Em uma narrativa, o principal dever de uma frase é levar à frase seguinte.

Além desse trabalho básico e invisível, a frase narrativa pode, evidentemente, fazer um número infinito de coisas audíveis, palpáveis, belas, surpreendentes e poderosas. Para fazê-las, ela precisa de uma qualidade acima de tudo: coerência. Uma frase deve ser bem amarrada.

Frases incoerentes, dispersas ou remendadas não podem levar suavemente à frase seguinte porque não conseguem nem mesmo se manter unidas. A boa gramática é basicamente como a boa engenharia: a máquina funciona porque as partes funcionam. A gramática descuidada é um projeto ruim cheio de areia nas engrenagens e com as vedações do tamanho errado.

Aqui estão alguns dos problemas mais comuns no projeto da frase, a começar pelo principal.

MAU POSICIONAMENTO

Ela caiu enquanto se levantava e quebrou o nariz.

O bate-papo foi todo sobre o acidente, que foi muito chato.

Ele sabia que passaria ao ver o teste. (Isso significa que, quando o teste apareceu em sua mesa, ele viu que era fácil, ou significa que ele tinha certeza de que no momento em que o teste chegasse, ele estaria pronto?)

Ela, algo bem inconveniente, enviou uma resposta rude para o e-mail dele.

Ela enviou uma resposta rude para o e-mail dele, que foi bastante inconveniente.

Ela enviou uma resposta rude para o e-mail dele inconvenientemente.

Pense assim: existe uma maneira de encaixar as partes de uma frase melhor do que as outras, e seu trabalho, ao escrever, é encontrá-la. Você pode não notar nada fora do lugar até que esteja relendo para revisar. Pode ser necessária apenas uma pequena reorganização na ordem, ou talvez você tenha que repensar e reescrever a frase por completo. (Como você consertaria as três tentativas fracassadas acima, a frase sobre a resposta rude?)

AMBIGUIDADES

Saindo da casa, um carvalho gigante ergueu-se sobre eles.
Depois de comer um bom jantar, o sofá parecia roliço e tentador.

Quase todos os escritores deixam ambiguidades, e algumas não fazem muito mal, mas árvores ambulantes e sofás carnívoros podem realmente arruinar a paisagem.

CONJUNTIVITE

Eles estavam felizes e sentiram vontade de dançar e então sentiram que haviam lido Hemingway demais e que já era noite.
Eles queriam ser felizes mas estava muito escuro para dançar mas ninguém tinha música boa de qualquer modo.

Encadear frases curtas por meio de conjunções é um maneirismo estilístico legítimo, mas usado de modo ingênuo cria uma espécie de zumbido infantil que torna a história difícil de ser seguida.

E você quer que o leitor continue a segui-la. Você é o flautista, suas frases são a melodia que toca, e quem as lê são as crianças de Hamelin (ou, se preferir, os ratos).

Paradoxalmente, se sua flauta é muito chique, se suas frases são altamente incomuns ou ornamentais, elas podem distrair o leitor do caminho. É aqui que se aplica o conselho demasiadamente citado e um bocado sórdido sobre "matar seus queridos": à frase tão grandiosa que faz a história parar. Uma frase não funciona como uma frase narrativa se sua ordem é tão inesperada, ou seus adjetivos e advérbios tão marcantes, ou suas símiles* ou metáforas* tão deslumbrantes, que detêm quem lê, mesmo que seja para dizer "Ah!".

A poesia pode se safar dessa. Na poesia, um verso, algumas palavras, podem fazer quem lê recuperar o fôlego, chorar, parar de ler a fim de sentir a beleza, ficar no momento. E muitas pessoas admiram a prosa elaborada e ornamentada de escritores como Nabokov, que eu acho difícil de ler porque está sempre parando para ser admirada.

Acho justo dizer que, embora cada frase deva mover-se com graça, a beleza e o poder reais da prosa estão na obra como um todo.

O primeiro exercício foi "Ser deslumbrante", porque eu queria começar com o fato negligenciado de que a boa escrita *sempre* causa prazer ao ouvido. Mas, na maioria das boas narrativas, especialmente nas longas, é menos o deslumbramento imediato das palavras do que os sons, ritmos, cenários, personagens, ações, interações, diálogos e sentimentos, todos funcionando em conjunto, que nos fazem prender a respiração e chorar... e virar a página para descobrir o que acontece em seguida. E, assim, até que a cena termine, cada frase deve levar à frase seguinte.

Cada frase tem um ritmo próprio, que também faz parte do ritmo de todo o texto. O ritmo é o que mantém a canção seguindo, o cavalo galopando, a história avançando.

E o ritmo da prosa depende muito – de modo muito prosaico – da duração das frases.

Professores que tentam fazer com que a garotada escreva de maneira compreensível, manuais de estilo com sua noção de estilo "transparente", jornalistas com suas regras esquisitas e superstições e escritores de thrillers cheios de ação – todos ajudaram a encher muitas cabeças com a noção de que a única sentença boa é uma sentença curta.

Um criminoso condenado poderia concordar. Eu não.

E é uma pena que as pessoas não só não conseguem escrever frases complexas, como também não conseguem lê-las. "Ah, eu não consigo ler Dickens, as frases são longas." Estamos perdendo nossa literatura para um processo de estupidificação.

Frases muito curtas, isoladas ou em série, são altamente eficazes no lugar certo. A prosa que consiste inteiramente em frases curtas, sintaticamente simples, é monótona, picotada, irritante. Se a prosa de frases curtas seguir por muito tempo, qualquer que seja seu conteúdo, a batida de tum-tum confere-lhe uma falsa simplicidade que logo soa estúpida. Veja Spot. Veja Jane. Veja Spot morder Jane.

É um mito que a prosa de frases curtas é "mais parecida com a maneira como falamos". Alguém que escreve pode construir uma frase de forma mais deliberada do que alguém que enuncia, porque quem escreve pode ponderar e revisar. Mas as pessoas com frequência usam mais frases longas e bem articuladas* quando falam do que quando escrevem. Acompanhamos um pensamento complexo em voz alta usando uma grande riqueza de orações* e modificadores. O ditado é notoriamente prolixo. Quando Henry James começou a ditar seus romances à secretária dele, sua tendência a usar modificadores e parênteses e a inserir orações subordinadas dentro de subordinadas ficou fora de controle, entupindo o fluxo narrativo e fazendo sua prosa vacilar no limite da autoparódia. Escutar a prosa com um ouvido cuidadoso não é o mesmo que se apaixonar pelo som da própria voz.

A prosa narrativa que consiste em grande parte em frases longas e complexas, cheias de orações subordinadas e todo o resto da armadura* sintática, requer certo cuidado. Frases longas têm de ser inteligente e cuidadosamente manejadas e solidamente construídas; suas conexões devem ser claras para que fluam, transportando o leitor com facilidade. As conexões maravilhosamente maleáveis da sintaxe complexa são como os músculos e os tendões do corpo de um corredor de longa distância, prontos para estabelecer um bom ritmo e seguir em frente.

Não há uma extensão de frase ideal. O ideal é a *variedade*. A duração de uma frase em boa prosa é estabelecida pelo contraste e pela interação com as sentenças ao seu redor – e pelo que ela diz e faz.

Kate dispara a arma. Uma frase curta.

Kate percebe que o marido não está prestando de fato atenção ao que ela diz, mas também nota que não se importa tanto se ele está prestando atenção ou não, e que essa falta de sentimento pode ser um sintoma sinistro de algo sobre o qual ela não quer pensar neste momento. Esse tipo de assunto pode muito bem exigir uma frase complexa com uma extensão considerável para se desenvolver.

Na revisão, você pode procurar conscientemente por variedade e, caso esteja tendo espasmos de frases curtas e picadas ou venha arrastando-se através de um pântano de frases longas, brinque com elas para alcançar um ritmo e um compasso variados.

Exemplo 5

A prosa de Jane Austen ainda está próxima o suficiente do estilo equilibrado do século 18 para que possa soar imponente ou demasiado intrincada a um ouvido moderno, mas leia-a em voz alta, o que achará surpreendentemente fácil, e ouvirá quão vívida e versátil ela é e sentirá com facilidade sua força. (O diálogo em muitas versões cinematográficas dos romances de Austen é retirado de forma quase inalterada dos livros). A sintaxe é complexa, mas clara. Muitas das conexões que alongam as frases são pontos e vírgulas, de modo que a maioria dessas frases seriam igualmente "corretas" se Austen tivesse usado pontos em vez de pontos e vírgulas. Por que ela não os usou?

O segundo parágrafo consiste inteiramente em um período. Se você o ler em voz alta, ouvirá como a duração do período dá peso à última subordinada. No entanto, ela não é densa, porque é quebrada em repetições rítmicas: "o quão vil, e o quão imperdoável, o quão desesperador e o quão perverso".

Jane Austen: *Mansfield Park*

Ao refletir a respeito de Fanny, sir Thomas acreditava que não havia nada mais injusto, apesar de que ele próprio vinha expressando os mesmos sentimentos recentemente, e tentou mudar de assunto; tentou repetidas vezes antes de ter sucesso; pois a sra. Norris não tinha discernimento suficiente para notar, mesmo agora, ou em qualquer outro momento, o nível da estima que ele tinha pela sobrinha, ou o quanto ele estava longe de desejar que os próprios filhos obtivessem méritos em detrimento dela. Ela falava a Fanny sem ouvi-la, e ressentia essa caminhada privada no meio do jantar.

Contudo, enfim, acabou; e o anoitecer chegou dando mais compostura a Fanny, e mais alegria e ânimo do que ela poderia esperar após uma manhã tão tempestuosa; mas ela confiava, primeiramente, que havia feito a coisa certa, que seu juízo não a induzira ao erro; podia responder pela pureza de suas intenções; e estava disposta a ter esperança, em segundo lugar, de que o descontentamento de seu tio estivesse diminuindo, e diminuiria ainda mais conforme ele considerasse a questão com mais imparcialidade, e sentisse, como deve sentir um bom homem, o quão vil, e o quão imperdoável, o quão desesperador e o quão perverso seria casar-se sem afeto.

Quando o encontro do dia seguinte com o qual ela fora ameaçada passasse, ela não poderia deixar de se deleitar pensando que a questão estaria enfim concluída, e que, depois que o sr. Crawford deixasse Mansfield, tudo seria como se essa questão jamais houvesse existido. Ela não queria, não podia acreditar que o afeto do sr. Crawford por ela a perturbaria por mais tempo; a mente dele não era dessa sorte. Londres logo traria a cura. Em Londres, ele logo passaria a se espantar com sua paixão efêmera e ficaria grato pela racionalidade dela, que o salvara de terríveis consequências.

Exemplo 6

Esse trecho engraçado de *A cabana do pai Tomás* é composto de alguns períodos longos, vagamente ligados, em imitação onomatopeica da jornada interminável, caótica e aos solavancos a respeito da qual a autora está escrevendo. Stowe não é o que se chama de "grande estilista", mas é absolutamente uma narradora de primeira linha. Sua prosa faz o que ela quer e carrega-nos junto consigo.

Harriet Beecher Stowe: *A cabana do pai Tomás*

Por uma estrada como essa nosso senador seguiu aos tropeços, fazendo reflexões morais tão contínuas quanto se pode esperar nas circunstâncias – a carruagem seguia viagem assim: tum! tum! tum! ploft! entra na lama! –; o senador, a esposa e o filho trocando de posição tão de repente de modo a se chocar, sem nenhum ajuste muito preciso, contra as janelas que davam para a encosta abaixo. A carruagem atola bruscamente, ao passo que se ouve Cudjoe do lado de fora fazendo uma grande inspeção nos cavalos. Após vários puxões e empurrões infrutíferos, justo quando o senador estava perdendo toda a paciência, a carruagem de repente se endireita com um pulo – duas rodas dianteiras caem em outro abismo, e o senador, a esposa e o filho cambalhotam todos promiscuamente para o banco da frente –, o chapéu do senador está preso sobre os seus olhos e nariz, sem cerimônias, e ele se sente liquidado – a criança chora, e Cudjoe, do lado de fora, faz discursos animados aos cavalos, que escoiceiam, debatem-se e encolhem-se ante os repetidos estalos do chicote. A carruagem endireita-se, com outro pulo – afundam as rodas traseiras –, o senador, a esposa e o filho saltam para o banco de trás, os cotovelos dele encontram-se com o gorro dela, e os pés dela se prendem ao chapéu dele, que voa com o choque. Após alguns momentos, o lamaçal fica para trás e os cavalos param, ofegantes – o senador encontra seu chapéu, a mulher ajeita o gorro e acalma o filho, e eles se preparam para o que os aguarda.

Exemplo 7

Esta bela passagem de *Huckleberry Finn* poderia exemplificar muitas coisas, mas vamos usá-la como um caso de período muito longo, consistindo em orações curtas ou bastante curtas amarradas por pontos e vírgulas que captam o ritmo e até mesmo a qualidade da voz de uma pessoa falando – em voz baixa. Não se pode declamar esta passagem, não se pode soltar a voz. Ela tem sua própria voz: a voz de Huck, que é despretensiosa e extremamente modesta. É calma, gentil, melodiosa. Ela flui, tão tranquila como o rio e tão segura como a chegada do dia. As palavras são, em sua maioria, curtas e simples. Há um pouco de sintaxe que os gramáticos chamariam de "incorreta", que se agarra e flui exatamente como o tronco e a água que ele descreve. Há alguns peixes mortos, e então o sol nasce, e é uma das maiores auroras de toda a literatura.

Mark Twain: *As aventuras de Huckleberry Finn*

...então nos ajeitamos no fundo arenoso onde a água dava no joelho, e assistimos à chegada da luz da manhã. Nenhum som em lugar algum – uma quietude perfeita –, como se o mundo inteiro dormisse, apenas o coaxo ocasional dos sapos-boi, talvez. A primeira coisa a se ver, mirando por cima d'água, era uma linha um tanto embaçada – era a mata n'outro lado –, não dava pra distinguir mais nada; depois uma parte pálida no céu; depois mais palidez, espalhando-se; depois o rio suavizou-se, ao longe, e não tava mais preto, mas cinza; dava pra ver pontinhos escuros à deriva, muito longe – barcas comerciais e coisas do tipo –; e longos traços pretos – balsas –; às vezes, podia-se ouvir um remo rangendo; ou vozes misturadas, de tão quieto, e os sons vinham de tão longe; e aos poucos dava pra ver um traço n'água que dava pra saber pelo jeito do traço que tinha um tronco ali debaixo d'água que fazia a corrente quebrar e deixava o traço assim; e se via a névoa se recolher pra fora d'água e o leste se avermelhar, e depois o rio, e se enxergava uma cabana nos limites da mata, na ribanceira d'outro lado do rio, um depósito de madeira, provavelmente, e empilhado por salafrários de modo que dava pra fazer um cachorro atravessar qualquer abertura; então a brisa agradável aparecia e começava a te abanar dali, tão geladinha e fresca, e de cheiro doce, por causa da mata e das flores; mas às vezes não era assim, porque alguém tinha deixado peixes mortos por lá, agulhas e outras coisas do tipo, e eles fediam bastante; e depois se tinha o dia inteiro pela frente, e tudo sorrindo à luz do sol, e os passarinhos cantando com tudo!

Exemplo 8

Nesta passagem, escute a variedade de duração das frases, a complexidade da sintaxe, incluindo o uso de parênteses, e o ritmo assim obtido, que flui e quebra, pausa e flui novamente – e, então, em uma frase de uma palavra, para.

Virginia Woolf: "O tempo passa", em *Ao farol*

Então a paz de fato veio. Mensagens de paz sopraram do mar até a praia. Nunca interromper seu sono novamente, e em vez disso embalá-lo para que descansasse de forma mais profunda, e, quaisquer fossem os sonhos sagrados, os sonhos sábios, dos sonhadores, confirmar – o que mais murmurava? – conforme Lily Briscoe repousava a cabeça no travesseiro no silencioso quarto limpo e escutava o mar. Pela janela aberta, a voz da beleza do mundo veio murmurando, fraca demais para se ouvir exatamente o que dizia – mas de que importava se o sentido era claro? –, rogando aos adormecidos (a casa estava novamente lotada; a sra. Beckwith estava lá, bem como o sr. Carmichael) para que, se não fossem descer para a praia, pelo menos abrissem as cortinas e olhassem para fora. Eles veriam a noite caindo em um fluxo púrpura, com a cabeça coroada; o cetro abrilhantado; e como aos seus olhos pareceria uma criança. E se eles ainda hesitassem (Lily estava esgotada da viagem e dormiu quase que de imediato; mas o sr. Carmichael lia um livro à luz de velas), se ainda dissessem que não, que era vazio esse seu esplendor, e que o orvalho tinha mais força que ela, e que preferiam dormir; então gentilmente, e sem objeção ou argumento, a voz cantaria sua canção. Com gentileza as ondas quebravam (Lily as ouvia durante o sono); com ternura a luz descia (parecia atravessar as pálpebras). E tudo parecia, pensou o sr. Carmichael, fechando o livro, caindo no sono, estar igual a antigamente.

De fato, a voz podia prosseguir, enquanto as cortinas da escuridão envolviam a casa, envolviam a sra. Beckwith, o sr. Carmichael e Lily Briscoe de modo que eles repousavam com várias camadas de pretume sobre os olhos; por que não aceitar isso, contentar-se com isso e resignar-se? O suspiro de todos os mares quebrando num só ritmo ao redor das ilhas confortava-os; a noite embrulhava-os; nada interrompia seu sono, até que, com os pássaros começando a cantar e a aurora tecendo as vozes finas em seu alvor, uma carroça rangendo, um cão qualquer latindo, o sol ergueu as cortinas, tirou o véu de seus olhos, e Lily Briscoe se remexeu em seu sono. Ela se agarrou às cobertas como alguém caindo se agarra à grama na beira do penhasco. Seus olhos abriram-se. Eis ela aqui de novo, pensou, sentada na cama com a coluna ereta. Desperta.

LEITURA ADICIONAL

O pensamento e a obra de Virginia Woolf são maravilhosos por si sós e úteis para qualquer pessoa que pense sobre como escrever. O ritmo da prosa de Woolf é ao meu ouvido o mais sutil e forte da ficção inglesa.

Eis o que ela disse a esse respeito, em uma carta a uma amiga escritora:

> O estilo é uma questão muito simples; é tudo ritmo. Uma vez que se percebe isso, não se pode usar as palavras erradas. Mas, por outro lado, aqui estou, sentada depois de meia manhã, cheia de ideias e visões e assim por diante, e não consigo desalojá-las por falta do ritmo certo. Veja, isso é muito profundo, o que é o ritmo, e vai muito além das palavras. Uma visão, uma emoção, cria uma onda na mente muito antes de fazer as palavras ajustarem-se a ela.

Nunca li nada que diga mais sobre o mistério no centro do que uma escritora faz.

A série de romances marítimos de Patrick O'Brian (que começa com *Mestre dos mares*) contém frases tão maravilhosamente claras, vívidas e fluentes que não se pode acreditar que sejam tão longas quanto são. Gabriel García Márquez experimenta com frases ininterruptas e com omissão de abertura de parágrafos em vários de seus romances. Para frases bem curtas, ou frases longas construídas a partir de frases curtas amarradas com a conjunção *e*, pode-se olhar para Gertrude Stein ou Ernest Hemingway, que aprendeu muito com Stein.

EXERCÍCIO TRÊS
Curta e longa

Parte Um: Escreva um parágrafo de narrativa, com 100-150 palavras, em frases de sete ou menos palavras. Cada uma deve ter sujeito e predicado.

Parte Dois: Escreva de meia a uma página de narrativa, até 350 palavras, que consista em apenas uma frase.

Assuntos sugeridos: Para a Parte Um, algum tipo de ação tensa e intensa – como um ladrão que entra em um quarto onde alguém dorme. Para a Parte Dois: uma frase muito longa é adequada a emoções crescentes e poderosas, e a fazer um monte de personagens surgirem juntas de modo abrupto. Você pode usar alguma memória familiar, fictícia ou real, como um momento importante em uma mesa de jantar ou em uma cama de hospital.

~~~~~~~~~~~~~~~~

Nota: As frases curtas não têm de consistir em palavras curtas; as frases longas não têm de consistir em palavras longas.

Ao criticar, pode ser interessante discutir quão bem as frases curtas ou longas combinam com a história que está sendo contada. As frases curtas são lidas com naturalidade? Como a frase longa é construída – com pedaços cuidadosamente articulados ou como uma torrente? A sintaxe da frase longa é clara e segura, de modo que a pessoa a ler não se perca e precise voltar atrás e começar de novo? É lida com facilidade?

Para pensar ou conversar depois de escrever: se qualquer parte do exercício forçou-o a escrever de uma maneira que você habitualmente nunca escolheria escrever, considere se foi agradável, útil, enlouquecedor, iluminador etc., e por quê.

Se este exercício fez com que você se interessasse pela duração da frase como um elemento muito importante do estilo de prosa, talvez seja bom trabalhar um pouco mais nele.

Revisitações opcionais ao
EXERCÍCIO TRÊS

Parte Um: Se você escreveu o exercício pela primeira vez em uma voz autoral ou formal, tente abordar o mesmo assunto ou um diferente usando uma voz coloquial* ou até mesmo dialetal – talvez uma personagem falando com outra.

Se você já fez o exercício coloquialmente, afaste-se um pouco e procure um modo menos envolvido e mais autoral.

Parte Dois: se sua frase longa foi sintaticamente simples, conectada principalmente pela conjunção *e* ou por pontos e vírgulas, tente outra com algumas subordinadas chiques e coisas do tipo – mostre a Henry James como se faz.

Se você já fez assim, tente um modo mais "torrencial", usando a conjunção *e*, travessões etc. – deixe jorrar!

Ambas as partes: Se você contou duas histórias diferentes em duas frases de extensões diferentes, pode tentar contar a mesma história em ambas e ver o que acontece com ela.

O *parágrafo* deve entrar aqui, porque, como a frase, é um elemento-chave na ordenação e articulação da narrativa como um todo. Entretanto, um exercício de criar parágrafos precisaria conter diversas páginas para começar a ser útil. E, por mais importante que seja o parágrafo, é difícil discuti-lo em abstrato.

É sempre algo a se ter em mente ao revisar. Importa onde você coloca esses pequenos recuos. Eles mostram conexões e separações no fluxo; são arquitetonicamente essenciais, parte da estrutura e do longo padrão rítmico da obra.

O que se segue é bastante tendencioso, então eu o defino como:

UM ARTIGO DE OPINIÃO SOBRE PARÁGRAFOS

Encontrei em vários manuais de escrita afirmações como "Seu romance deve começar com um parágrafo de uma frase", "Nenhum parágrafo de uma história deve conter mais de quatro frases", e assim por diante. Bobagem! Tais "regras" provavelmente originaram-se em periódicos impressos em colunas – jornais, revistas *pulp*, *The New*

Yorker – que precisam quebrar a estreita densidade cinzenta da impressão com recuos frequentes, grandes maiúsculas iniciais e quebras de linha. Se você publicar nesses periódicos, pode apostar que os editores vão acrescentar quebras e recuos de parágrafo. Mas você não precisa fazê-lo em sua própria prosa.

"Regras" sobre manter parágrafos e frases curtos muitas vezes vêm do tipo de escritor que se gaba dizendo "Se escrever uma frase que soa literária, eu a jogo fora", mas que escreve seus mistérios ou thrillers no estilo macho, enxuto e taciturno – um maneirismo literário autoconsciente, se já houve algum.

*
*O vento repentino trouxe chuva,
uma chuva fria em um vento frio.*
*

4

Repetição

Jornalistas e professores têm boas intenções, mas podem ser pessoas fatalmente mandonas. Uma de suas estranhas regras arbitrárias proíbe-nos de usar a mesma palavra duas vezes na mesma página. Assim, levam-nos ao tesauro em buscas desesperadas por sinônimos e substitutos descabidos.

O tesauro é inestimável quando você tem um branco quanto à palavra de que precisa ou quando *realmente* precisa variar a escolha de palavra – mas use-o com moderação. A Palavra do Dicionário, a palavra que não é de fato sua, pode sobressair-se em sua prosa como um flamingo em um bando de pombos, e mudará o tom do texto. "Ela havia consumido bastante creme, bastante açúcar, bastante chá" não é o mesmo que "Ela havia consumido bastante creme, uma quantidade ampla de açúcar e uma plenitude de chá".

A repetição é incômoda quando acontece com muita frequência, enfatizando uma palavra sem motivo: "Ele estava estudando em seu quarto de estudos. O livro que ele estava estudando era de Platão". Este tipo de eco infantil ocorre quando não relemos ao escrever. Todo mundo faz isso de vez em quando. É fácil consertar na revisão, basta encontrar um sinônimo ou reescrever a frase de outra forma: "Ele estava em seu quarto de estudos, lendo Platão e fazendo anotações", ou qualquer coisa assim.

Mas criar uma regra de que nunca se deve usar a mesma palavra duas vezes em um parágrafo ou afirmar categoricamente que a repetição deve ser evitada é ir diretamente contra a natureza da prosa narrativa. A repetição de palavras, de frases, de imagens; a repetição de coisas ditas; a quase repetição de eventos; ecos, reflexões, variações: desde a avó contando uma fábula popular até o romancista mais sofisticado, todos os narradores usam esses dispositivos, e o uso hábil deles é uma grande parte do poder da prosa.

A prosa não pode rimar e repicar ou tornar repetida a batida como a poesia; ao menos, se o fizer, é melhor que o faça de modo mais sutil do que na primeira metade desta frase. Os ritmos da prosa – e a repetição é o meio principal para obter o ritmo – ficam geralmente escondidos ou são obscuros, não óbvios. Eles podem ser longos e grandes, envolvendo toda a forma de uma história, todo o curso dos acontecimentos em um romance: tão grandes que são difíceis de ver, assim como a forma das montanhas quando se está dirigindo em uma estrada nas montanhas. Mas as montanhas estão lá.

Exemplo 9

"The Thunder Badger" é uma narrativa sagrada ou ritual, uma forma oral que precede a distinção entre prosa e poesia. Todas as narrativas desse tipo são completamente destemidas quanto à repetição, usando-a abertamente e com frequência, tanto para moldar a história como para dar às palavras sua devida majestade e poder, como em um encantamento. Esta história paiute não é sagrada de forma pesada, apenas corriqueiramente sagrada. Ela deve ser contada, como a maioria das histórias, apenas no inverno. Peço desculpas por recontá-la fora da estação. Ela realmente deve ser lida em voz alta.

"The Thunder Badger" ["O texugo Trovão"], em *Northern Paiute Language of Oregon*, de W. L. Marsden, uma tradução literal, ligeiramente adaptada por U. K. L.

Ele, o Trovão, quando está zangado que a terra secou, que ele não tem terra úmida, quando quer tornar a terra úmida, porque a água secou:

Ele, o Trovão, o Chefe da Chuva, vive na superfície das nuvens. Ele tem geada; ele, o Feiticeiro da Chuva, aparece como um texugo; o Feiticeiro da Chuva, ele, o Trovão. Após cavar, ele levanta a cabeça para o céu, então vêm as nuvens; então vem a chuva; então há maldições à Terra; vem o trovão; vem o relâmpago; o mal é falado.

Ele, o verdadeiro texugo, só ele, listras brancas no nariz, aqui nas costas. Ele é, só o texugo, desse tipo. Ele, o Feiticeiro do Trovão, que não gosta de terra seca quando está cavando, quando está arranhando dessa maneira. Depois, levantando a cabeça para o céu, ele faz a chuva; depois vêm as nuvens.

Os contos populares muitas vezes repetem-se de forma exuberante, tanto na linguagem quanto na estrutura: considere "Cachinhos dourados e os três ursos" com sua cascata de tríades europeias. (As coisas na Europa acontecem de três em três, as coisas em contos populares dos povos nativos americanos acontecem com mais frequência de quatro em quatro.) Histórias escritas para serem lidas em voz alta para crianças usam muita repetição. As histórias de *Just So Stories* de Kipling (ver o Exemplo 1) são um exemplo esplêndido de repetição usada como encantamento, como um dispositivo estrutural, e para fazer você e a criança rirem.

A repetição é muitas vezes engraçada. A primeira vez que David Copperfield ouve o sr. Micawber dizer "É certo que algo surgirá", isso não significa muito para David ou para nós. Quando ouvimos o sr. Micawber, sempre esperançoso em sua incompetência, dizer as mesmas ou quase as mesmas palavras durante todo o longo livro, é muito engraçado. Esperamos por esse momento, assim como esperaríamos pela inevitável e deliciosa repetição de uma frase musical em Haydn. Mas, também, cada vez que o Sr. Micawber diz a frase ela significa mais. Ganha peso. A escuridão por baixo da diversão se torna sempre um pouco mais obscura.

Exemplo 10

No exemplo a seguir, em que uma cena extremamente brilhante dá o clima para um longo e sombrio romance, uma única palavra é repetida como um golpe de martelo.

**Charles Dickens: *Little Dorrit*
[*Pequena Dorrit*]**

Há trinta anos, Marselha deitou-se um dia ardendo ao sol. [...] Tudo em Marselha, e ao redor de Marselha, havia encarado o céu fervente e fora encarado de volta, até que o hábito de encarar tornou-se universal lá. Estrangeiros eram encarados ao ponto do desconcerto por casas brancas que encaravam, paredes brancas que encaravam, trechos de estradas áridas que encaravam, colinas nas quais todo o verde fora queimado que encaravam. As únicas coisas vistas que não encaravam e ofuscavam fixamente eram as vinhas que pendiam com o peso das uvas. [...] A encarada universal fazia doer os olhos. Perto da linha distante da costa italiana, de fato, nuvens leves de névoa, subindo lentamente da evaporação do mar, a aliviavam um pouco, mas não era suavizada em nenhum outro lugar. Bem ao longe, as estradas que encaravam, sob camadas de poeira, encaravam da encosta, encaravam da depressão, encaravam da planície interminável. Longe, as vinhas empoeiradas dependuradas nas cabanas à beira do caminho e o caminho monótono de alamedas de árvores ressequidas, sem sombra, curvavam-se sob o encarar da terra e do céu.

A repetição, é claro, não se limita a palavras ou frases. A repetição estrutural é a semelhança dos acontecimentos de uma história: eventos que ecoam uns os outros. Ela envolve a totalidade de uma história ou romance. Para um exemplo maravilhoso, você pode reler o primeiro capítulo de *Jane Eyre* e ir pensando no resto do livro ao fazê-lo. (Se você não leu *Jane Eyre*, leia; então pode pensar sobre ele pelo resto da vida). O primeiro capítulo está cheio de antecipações – a introdução de imagens e temas que retornarão ao longo do livro. Por exemplo, encontramos Jane como uma criança tímida, silenciosa e dona de si, a forasteira em um lar sem amor, que se refugia em livros, ilustrações e na natureza. Um menino mais velho que a atormenta e abusa dela finalmente vai longe demais, e ela se volta contra ele e revida. Ninguém fica ao lado dela, e ela é trancada em um quarto no andar de cima que lhe disseram ser assombrado. Bem, Jane adulta será a forasteira tímida em outra casa, onde enfrentará a tirania do sr. Rochester, finalmente será forçada a rebelar-se e se encontrará completamente sozinha. E há um quarto no andar de cima naquela casa que é verdadeiramente assombrado.

Os primeiros capítulos de muitos grandes romances trazem uma quantidade incrível de material que será, de uma forma ou de outra, com variações, repetido ao longo do livro. A semelhança dessa repetição incremental de palavras, frases, imagens e eventos na prosa com a recapitulação e o desenvolvimento na estrutura musical é real e profunda.

EXERCÍCIO QUATRO
De novo e de novo e de novo

Não posso sugerir "enredos" para estes; a natureza do exercício não permite.

Parte Um: Repetição verbal

Escreva um parágrafo de narrativa (150 palavras) que inclua pelo menos três repetições de um substantivo, verbo ou adjetivo (uma palavra perceptível, não invisível como *era*, *disse*, *que*).

(Este é um bom exercício para a escrita em sala de aula. Quando for lê-lo em voz alta, não diga às pessoas qual é a palavra repetida; elas a ouvem?)

Parte Dois: Repetição estrutural

Escreva uma narrativa curta (350-1.000 palavras) na qual algo é dito ou feito e depois algo é dito ou feito que o ecoa ou o repita, talvez em um contexto diferente ou por pessoas diferentes ou em uma escala diferente.

Pode ser uma história completa, caso queira, ou um fragmento de narrativa.

~~~~~~~~~~~~~~~

Ao criticar, você pode concentrar-se na eficácia das repetições e em sua obviedade ou sutileza.

Para pensar ou conversar depois de escrever: você sentiu-se à vontade no início com a ideia de repetir deliberadamente palavras e construções e eventos? Sentiu-se mais à vontade ao fazê-lo? O exercício trouxe à tona algum tom emocional ou assunto ou estilo particular em seu trabalho, e você sabe dizer qual foi?

Não tenho certeza de quão livre o escritor de não ficção é para usar a repetição estrutural. Forçar eventos distintos a se encaixarem em um padrão repetitivo certamente seria trapacear. Mas estar ciente de um padrão existente nos eventos de uma vida certamente é um dos objetivos do biógrafo.

Procure por exemplos de repetição estrutural em ficção e não ficção. Uma percepção de como a repetição, a antecipação e o eco contribuem para a estrutura e o impulso narrativo pode acrescentar muito à sua apreciação de uma boa história.

*
*Completamos a viagem sem sucumbir
à tentação de abrir a caixa de doces.*
*

5

Adjetivos e advérbios

Adjetivos e advérbios são intensos e bons e nutritivos. Acrescentam cor, vida, imediatismo. Sobrecarregam a prosa somente quando usados preguiçosamente ou em excesso.

Quando a qualidade que o advérbio indica pode ser colocada no próprio verbo (*eles correram rapidamente* = *eles dispararam*) ou a qualidade que o adjetivo indica pode ser colocada no próprio substantivo (*uma voz rosnada* = *um rosnado*), a prosa fica mais limpa, mais intensa, mais vívida.

Aquelas de nós que foram educadas para serem pouco agressivas na conversa temos a tendência de usar modificadores – adjetivos e advérbios tais como *um pouco* e *quase*, que suavizam ou enfraquecem as palavras que modificam. Na conversação eles são OK; na prosa escrita, são sugadores de sangue. É preciso arrancá-los imediatamente. Os carrapatos pelos quais eu mesma sou atormentada são *meio*, *tipo* e *apenas* – e sempre, sempre *muito*.

Você pode apenas meio que dar uma olhadinha em sua própria escrita para ver se por acaso há alguns modificadores muito favoritos que você meio que usa, tipo, um pouco demais.

Este texto não é longo o suficiente para ser um artigo de opinião, e você deve perdoar meu latim, mas é preciso dizer neste momento: o adjetivo ou qualificador *foda* é um *carrapato realmente grande*. As pessoas que o usam constantemente na fala e nas mensagens eletrônicas podem não perceber que na ficção escrita ele é tão útil quanto *hã*. No diálogo e no monólogo interior, frases como "O pôr do sol estava foda de tão belo" ou "O foda é que é tão fácil que até uma criança entenderia" são toleráveis, por mais grotescas que sejam quando lidas literalmente. Mas usada na narrativa para dar ênfase e vigor coloquial, a palavra faz exatamente o contrário. Na verdade, seu poder de enfraquecer, banalizar e invalidar é impressionante.

Alguns adjetivos e advérbios perderam o sentido devido ao uso literário excessivo. *Grande* raramente tem o peso que deveria carregar. *De repente* poucas vezes significa algo; é um mero dispositivo de transição, um barulho – "Estava andando pela rua. De repente, ele a viu". *De alguma forma* é uma expressão super enganadora, que revela que o autor não queria se preocupar em pensar na história – "De alguma forma ela simplesmente sabia...", "De alguma forma, eles conseguiram chegar ao asteroide". Nada em sua história acontece "de alguma forma". Acontece porque você a escreveu. Assuma a responsabilidade!

Adjetivos ornamentados e chiques estão fora de moda e levam poucos escritores à tentação hoje em dia, mas alguns conscientes estilistas de prosa usam adjetivos como os poetas: a relação do adjetivo com o substantivo é inesperada e distante, forçando quem lê a parar a fim de ver a conexão. Esse maneirismo pode ser eficaz, mas na narração é arriscado. Você quer parar o fluxo? Vale a pena?

Recomendo a todos os contadores de histórias uma atitude vigilante e uma escolha cuidadosa e ponderada dos adjetivos e advérbios, porque a padaria do idioma está cheia de guloseimas e a prosa narrativa, particularmente a de longa distância, precisa mais de músculo que de gordura.

EXERCÍCIO CINCO
Castidade

Escreva de um parágrafo a uma página (200-350 palavras) de prosa descritiva narrativa sem adjetivos ou advérbios. Sem diálogo.

O objetivo é fazer uma descrição vívida de uma cena ou ação usando apenas verbos, substantivos, pronomes e artigos.

Advérbios de tempo (*então*, *depois*, *logo* etc.) podem ser necessários, mas seja parcimonioso. Seja casto.

Se estiver usando este livro em grupo, recomendo que faça o exercício em casa, porque é difícil e pode demorar um pouco.

Se estiver trabalhando atualmente em uma obra mais longa, talvez queira tentar escrever o parágrafo ou página seguinte dessa obra como este exercício.

Talvez queira tentar "castigar" uma passagem que já escreveu. Pode ser interessante.

~~~~~~~~~~

Ao criticar: É acima de tudo a realização do exercício que importa, e seu próprio julgamento sobre o resultado. O texto seria melhorado com a adição de um adjetivo ou advérbio aqui e ali, ou está satisfatório sem nenhum? Observe os dispositivos e normas que você se forçou a seguir pelas exigências do exercício. Eles podem ter afetado particularmente sua escolha de verbos e seu uso de símiles e metáforas.

Eu inventei o Exercício da Castidade para meu próprio uso quando era uma Navegante Solitária de catorze ou quinze anos. Não conseguia abdicar dos milkshakes de chocolate, mas podia prescindir de advérbios por uma ou duas páginas. É o único exercício sugerido em todas as oficinas que ensinei. Ele esclarece, castiga e revigora.

*
A velha senhora sonhava com o passado enquanto navegava pelos mares do tempo.
*

6

Verbos: pessoa e tempo

Na língua, *verbos* são o que faz as coisas, a *pessoa* verbal é quem as faz (um nome ou pronome) e o *tempo* verbal é quando ela as faz. Alguns manuais de escrita dão a impressão de que os verbos fazem tudo, de que a ação é tudo. Eu não concordo com isso, mas os verbos ainda importam. E a pessoa e o tempo verbais importam muito ao contar histórias.

PESSOA VERBAL*

A não ficção, exceto a autobiografia, tem que ser escrita em terceira pessoa. Escrever sobre Napoleão ou um bacilo na primeira pessoa é escrever ficção.

As pessoas disponíveis à narrativa ficcional são a primeira pessoa do singular (*eu*) e a terceira pessoa do singular (*ela*, *ele*), com uso limitado da primeira e da terceira pessoas do plural (*nós*, *elas*, *eles*). O uso da segunda pessoa (*tu*, *você*) na ficção é raro, com bons motivos. De vez em quando alguém escreve uma história ou romance na segunda pessoa sob a impressão de que isso nunca foi feito antes.

Quase toda a prosa narrativa pré-letrada, sagrada e literária anterior ao século 16 está na terceira pessoa. A escrita em primeira pessoa aparece primeiro nas cartas de Cícero, em diários medievais e confissões de santos, com Montaigne e Erasmo e nas primeiras narrativas de viagem. Na ficção, os autores inicialmente sentiam que deveriam justificar a apresentação de uma personagem na primeira pessoa. Quem escreve cartas usa naturalmente *eu*: daí o romance epistolar. Desde o século 18, a ficção escrita na primeira pessoa é tão comum que pensamos pouco sobre ela, mas na verdade é um processo imaginativo artificial, sofisticado e estranho, tanto para quem escreve como para quem lê. Quem é esse *eu*? Não é a pessoa que escreve, porque é um *eu* fictício, e embora *eu*, a leitora, possa identificar-me com ela, também não sou eu.

Contar uma história na terceira pessoa continua sendo o modo mais comum e menos complicado. O autor a usa para movimentar-se livremente, contando o que *ele* fez e o que *ela* fez, e também o que *eles* pensaram.

A narrativa na primeira pessoa é ancestral da narrativa na "terceira pessoa limitada". Trata-se de um termo literário técnico que significa que quem escreve limita a narração ao ponto de vista de uma personagem. O escritor pode dizer de maneira explícita apenas o que aquela personagem percebe, sente, sabe, lembra-se ou conjetura. Em outras palavras, é muito parecido com escrever na primeira pessoa. Falarei a esse respeito no capítulo sobre ponto de vista, juntamente com o tópico igualmente relevante da terceira pessoa limitada *versus* a múltipla. Tudo isso soa muito técnico, mas é realmente importante.

Caso surja, a escolha entre escrever um texto de ficção em primeira ou terceira pessoa é de peso. Por vezes, não será preciso pensar duas vezes em qual pessoa contar uma história. Mas, por outras, uma história que você começa a contar como *eu* fica travada, e aquilo de que ela precisa é sair da primeira pessoa; às vezes uma história que começa com *ele disse* ou *ela foi* precisa sair da terceira pessoa para dentro da voz do *eu*. Quando uma história fica grudando ou trava, mantenha em mente a possibilidade da mudança de pessoa.

LEITURA ADICIONAL

A narração em primeira pessoa, por mais intrincada que seja, é tão comum tanto na ficção como nas memórias que hesito em destacar qualquer livro ou livros entre os milhares de excelentes exemplos disponíveis. Mas faço um apelo para que leiam qualquer coisa escrita por Grace Paley. Suas histórias evitam todas as armadilhas da narração em primeira pessoa – afetação, egoísmo, autoconsciência exagerada, monotonia. Elas parecem coisinhas sem arte – apenas uma mulher qualquer contando-lhe a respeito de algo. São obras-primas da arte.

E, novamente, tantas histórias e romances modernos são contados na terceira pessoa limitada que a recomendação torna-se arbitrária. Mas recomendo que, pelo menos por um tempo, você perceba em que pessoa(s) o livro que lê está escrito, e se, quando e como ele muda de pessoa.

TEMPOS VERBAIS*

Os tipos do pretérito (*ela fez isso, ele estava lá*) e o presente (*ela faz isso, ele está lá*) são ambos capazes de variações que expressam coisas como continuidade de ação e como os eventos relacionam-se no tempo (*ela se sustentava antes de ele sequer ter começado a procurar um emprego*). A prioridade ou subsequência no tempo é fácil de exprimir no pretérito, mas o presente é menos flexível, tendendo a agarrar-se ao presente (*ela se sustenta antes de ele sequer começar a procurar um emprego*).

O discurso abstrato está sempre no tempo presente (estou escrevendo-o agora mesmo). As generalidades não são limitadas pelo tempo e por isso filósofos, físicos, matemáticos e Deus falam todos no tempo presente.[1]

Os roteiros parecem estar no tempo presente, mas na verdade estão no imperativo: são instruções – dizem o que *deve acontecer* na tela. "Dick sorri para Jane, dispara. Sangue salpica a lente. Close: Spot cai morta." Não se trata de descrições. Dizem aos atores, cinegrafistas, à pessoa do ketchup, ao cachorro e todos os outros o que fazer.

....

[1]. Em busca da mesma autoridade, os antropólogos costumavam escrever: "Os Ussu adoram os espíritos da floresta", ignorando o fato de que os últimos três Ussu vivos eram mórmons convertidos que trabalhavam para uma madeireira: um exemplo de como as questões éticas podem ligar-se a algo que parece ser tão neutro em termos de valores quanto um tempo verbal. "O mau uso da linguagem induz o mal na alma."

Usamos o tempo presente acima de tudo ao falar, em conversas: "Como você está?" – "Estou bem, obrigada". Assim que começamos a narrar, tendemos naturalmente a cair no pretérito: "O que houve?" – "Bati na traseira de um carro que estava dando a ré da vaga onde estava estacionado". A narração de uma testemunha dá-se, naturalmente, no tempo presente: "Ai, meu Deus, está pegando fogo!" ou "Ele está cruzando a linha das cinquenta jardas, ele está livre agora!" – ou na comunicação que lhe fala do saboroso peixe *fugu* que seu amigo está comendo enquanto ele tuita para você pouco antes de morrer em agonia.

Por vários milhares de anos, histórias foram contadas e escritas principalmente no(s) pretérito(s), com uma passagem dramática ocasional pelo que então era chamado de "presente histórico". Nos últimos trinta anos ou mais, muitos escritores vêm usando apenas o tempo presente em narrativas, ficcionais e não ficcionais. Atualmente, o tempo presente é tão onipresente que jovens escritores podem pensar que é obrigatório. Um jovenzinho me disse: "Os velhos escritores mortos viviam no passado, por isso não podiam escrever no presente, mas nós podemos". Evidentemente, o mero nome, "tempo presente", leva as pessoas a presumirem que se trata de agora, e que o tempo passado refere-se a uma época muito longínqua. Isso é terrivelmente ingênuo. Os tempos verbais têm tão pouca conotação de contemporaneidade ou antiguidade reais que são, na maioria dos aspectos, intercambiáveis.

O que é preciso lembrar é que, no fim das contas, uma história escrita, seja ela imaginária ou baseada em eventos reais, existe apenas na página. Tanto a narração no presente como a no pretérito são *totalmente fictícias*.

A narração no tempo presente convence as pessoas de que é "mais real" porque soa como uma narração de testemunha ocular. E a razão que a maioria dos escritores dá para usá-la é que é "mais imediata". Alguns justificam-na de modo agressivo: "Vivemos no presente, não no passado".

Bem, viver apenas no presente seria viver no mundo dos recém-nascidos ou das pessoas que perderam a memória de longo prazo. Viver no presente não é nada fácil para a maioria de nós. Estar presente no presente, viver realmente no presente, é um dos objetivos da meditação consciente, que as pessoas praticam por anos. Sendo humanos, passamos a maior parte do tempo com a cabeça cheia do que *não* está bem aqui neste momento – pensando nessas coisas, imaginando-as, lembrando-nos de algo, planejando fazer algo, falando com alguém em algum lugar ao celular, enviando mensagens de texto para alguém – e apenas ocasionalmente tentando juntar tudo para tomar consciência, para dar sentido, ao momento presente.

Vejo a grande diferença entre os tempos pretéritos e presente não como concernente ao imediatismo, mas à complexidade e ao tamanho do campo. Uma história contada no tempo presente é necessariamente focada na ação em um único tempo e, portanto, em um único lugar. O uso do(s) tempo(s) pretérito(s) permite uma referência contínua para a frente e para trás no tempo e no espaço. É assim que nossas mentes costumam funcionar, movendo-se com facilidade. Somente em situações de emergência elas concentram-se com muita firmeza no que está acontecendo. E, assim, a narração no tempo presente estabelece uma espécie de emergência artificial permanente, que pode ser exatamente o tom certo para uma ação acelerada.

O pretérito também pode manter o foco firme, mas sempre dá acesso ao tempo anterior e posterior ao momento da narrativa. O momento que descreve é contínuo com seu passado e seu futuro.

A diferença é como a diferença entre uma lanterna de feixe estreito e a luz do sol. Uma mostra um campo pequeno, intenso, fortemente iluminado e sem nada ao redor; a outra mostra o mundo.

A qualidade da limitação pode atrair quem escreve para o tempo presente. Seu raio de atenção firmemente focado proporciona a quem escreve e a quem lê o desprendimento do artifício visível. Traz o campo para muito perto, como um microscópio, mas, ainda assim, cria distância ao eliminar o entorno. Corta, minimiza. Mantém a história fria. Pode ser uma escolha sábia para um escritor cujo motor é suscetível a superaquecimentos. Ela também reflete a enorme influência dos filmes (não dos roteiros) em nossa imaginação. Escritores excelentes (James Tiptree, Jr. inclusive) já disseram que *veem* a ação da história enquanto a escrevem, exatamente como um filme, então o uso que fazem do tempo presente é uma espécie de relato de testemunha ocular imaginária.

Essas limitações e implicações da narração no tempo presente são dignas de reflexão.

A romancista Lynne Sharon Schwartz argumentou que a narração no tempo presente, ao evitar o contexto temporal e a trajetória histórica, simplifica demais, sugerindo que nada "é por demais complexo e que a compreensão, tal como é, pode ser alcançada pela nomeação de objetos ou pela acumulação de dados" e que "tudo o que jamais poderemos compreender é aquilo que pode ser compreendido em um vislumbre". Essa externalidade e estreiteza de seu campo de visão pode ser o motivo pelo qual tantas narrativas no tempo presente soam frias – achatadas, sem emoção ou envolvimento. E, desse modo, todas muito parecidas.

Suspeito que algumas pessoas escrevem no tempo presente porque têm medo de não o fazer. (Ela tinha encontrado alguns problemas com o pretérito perfeito composto em uma vida anterior. Em sua próxima vida, não terá nenhum problema com o pretérito perfeito composto. Mas ela teria gostado de nunca ter encontrado problema algum.) Talvez você não tenha aprendido todos os nomes chiques para os vários tempos verbais, mas não se preocupe. Sabe como usá-los. Todas essas coisas estão em sua cabeça e têm estado desde que aprendeu a dizer "eu fui" em vez de "eu foi".[2]

....

2. No começo de um de meus livros, escrevi: "O povo neste livro talvez terá vivido daqui a muito, muito tempo no Norte da Califórnia".

Usei deliberadamente esse magnífico conglomerado verborrágico para estabelecer a mim e ao leitor como fingindo olhar para trás no tempo, na direção de um certo povo ficcional que estamos, simultaneamente, fingindo que poderia existir em um futuro distante. É possível dizer tudo isso com um par de formas verbais.

A pessoa que preparou o texto foi incrivelmente civilizada em relação à minha verbosidade. Uma das pessoas que fez a revisão aparentemente não conseguiu chegar ao fim do período, e queixou-se disso. Outros citaram-no com o que, espero, tenha sido

Se você sempre escreve (e lê) no presente, algumas das formas verbais em sua cabeça podem não ter sido ativadas há muito tempo. Readquirir seu uso livre é aumentar seu leque de opções ao contar histórias. Toda arte envolve limitações, mas um escritor que usa apenas um tempo verbal parece um pouco como um pintor que, diante de um conjunto de tintas a óleo, usa apenas o rosa.

Em termos gerais, trata-se do seguinte: no momento, o tempo presente está na moda, mas, se você não está confortável com ele, não se sinta pressionado a usá-lo. Para algumas pessoas e histórias funciona, para outras não. A escolha é importante, e depende inteiramente de você.

SOBRE DOIS TEMPOS

Eu quase poderia afirmar isso como regra, mas não o farei, porque escritores bons e cuidadosos explodem todas as Regras da Escrita em pedacinhos. Por isso, afirmo como uma Alta Probabilidade.

....

agrado ou admiração. Ainda gosto muito dele. Foi a maneira mais curta de dizer exatamente o que eu queria. É para isso que servem os verbos, em todos os seus modos e tempos.

É altamente provável que, se você ficar mudando o tempo verbal de sua narrativa, se andar com frequência para a frente e para trás entre o pretérito e o presente e sem algum tipo de sinal (uma quebra de linha, uma vinheta*, um novo capítulo), seu leitor se confundirá e não saberá o que aconteceu antes do quê, o que está acontecendo depois do quê e quando estamos, ou estávamos, no momento.

Tais confusões podem ocorrer mesmo quando os escritores trocam os tempos verbais deliberadamente. Quando o fazem sem saber que o estão fazendo, quando estão simplesmente inconscientes em relação ao tempo verbal em que escrevem e vão passando do pretérito ao presente, é altamente provável que o leitor não entenda o que aconteceu, muito menos quando, e acabe enjoado, mal-humorado e indiferente.

A breve passagem a seguir é de um romance moderno. Como não tenho a intenção de envergonhar o autor, mudei os nomes e ações para tornar a cena irreconhecível, mas reproduzo exatamente a sintaxe e os números e tempos verbais.

> Ambos entram querendo café. Ouvimos Janice assistindo à TV na outra sala. Notei que Tom tinha um olho roxo que eu não vi ontem à noite.

— Você saiu? — eu disse.

Tom senta-se com o jornal e não diz nada. Alex diz:

— Nós dois saímos.

Eu bebi duas xícaras de café antes de dizer qualquer coisa.

É possível ler sem perceber que o tempo verbal muda três vezes em seis linhas? (Para ser exata, muda cinco vezes, já que o pretérito perfeito "eu não vi" refere-se a um tempo anterior ao presente, mas ocorre em uma frase do passado, na qual um tempo anterior normalmente seria indicado pelo pretérito mais-que-perfeito, "eu não vira"). É possível dizer que se ganha qualquer coisa com essa incoerência, que continua ao longo de todo o livro? Não posso acreditar que o autor estava ciente disso. Mas essa é uma coisa horrível de se dizer.

Uma mudança de tempo verbal na narrativa escrita não é um detalhe pequeno. É uma questão de primeira importância, como mudar o ponto de vista da narração. É preciso que haja propósito. Pode ser feito de forma invisível, mas somente se você souber o que está fazendo.

Portanto, certifique-se, caso mude os tempos verbais no meio da história, de que sabe o que está fazendo e por quê. E, se o fizer, certifique-se de levar seus leitores consigo, sem exigir esforço deles, e não os abandone em uma ilha desabitada como a desafortunada tripulação da *Enterprise*, em uma Anomalia Temporal da qual eles só sairão usando a Velocidade de Dobra 10.

ARTIGO DE OPINIÃO SOBRE A VOZ PASSIVA

Introduzi este tópico no capítulo 2, página 53, ao falar sobre Falsas Regras. Muitos verbos têm uma voz ativa e uma passiva. Mudar a voz inverte o sujeito e o objeto do verbo. Ativo: *Ela o atingiu*. Passivo: *Ele foi atingido por ela*.

As construções passivas, como as utilizadas na frase que está sendo lida atualmente por você, são excessivamente empregadas na redação de artigos acadêmicos e correspondência comercial; aqueles cujos esforços têm sido voltados a reduzir essa norma devem ser elogiados por todos por quem o inglês é falado. (Agora reescreva esse parágrafo na voz ativa!)

Pessoas demais insistem que "nunca se deve usar a voz passiva" sem nem mesmo saber o que ela é. Muitos a confundem com o verbo *ser*, que os gramáticos chamam tão docemente de "o copulativo" e sequer tem uma voz passiva. E então saem por aí dizendo-nos para não usarmos o verbo *ser*! A maioria dos verbos é mais exata e interessante do que o verbo ser, mas diga-me você como Hamlet deveria ter iniciado seu solilóquio.

"Foi proposto que a moção fosse apresentada pelo comitê." Duas passivas.

"A sra. Brown propôs que o comitê enforcasse o dirigente." Duas ativas.

As pessoas muitas vezes usam a voz passiva porque ela é indireta, polida, não agressiva e admiravelmente adequada para fazer com que os pensamentos pareçam não ter sido pensados pessoalmente por ninguém e as ações pareçam não ter sido realizadas por ninguém, de modo que ninguém precise assumir a responsabilidade. Escritores que querem assumir a responsabilidade desconfiam dela. O escritor covarde diz: "Acredita-se que o ser é constituído pelo raciocínio". O corajoso diz: "Penso, logo existo".

Se seu estilo foi corrompido pela longa exposição ao "academiquês" ou ao "cientifiquês" ou à "redação empresarial", talvez você precise preocupar-se com a voz passiva. Certifique-se de que ela não tenha sido semeada em lugares aos quais não pertence. Em caso afirmativo, desenraize-a conforme necessário. Nos lugares a que pertence, devemos usá-la livremente. É uma das belas versatilidades do verbo.

Exemplo: Ver o número 12, na página 149.

Um dos exemplos para o próximo capítulo, *A casa soturna*, de Charles Dickens, é também o exemplo para este, porque demonstra dramaticamente *mudanças tanto de pessoa como de tempo verbal* dentro de uma narrativa. Dickens, é claro, não perde tempo – ele sabe exatamente que tempo verbal está usando, quando e por quê. Mas faz algo muito arriscado. Por todo o longo livro, ele move-se para a frente e para trás – um capítulo está na terceira pessoa do presente, o outro, na primeira pessoa do pretérito. Mesmo nas mãos de Dickens, essa alternância causa alguma estranheza. Mas é muito interessante ver como funciona e quando não funciona, e comparar os diferentes efeitos. Foi aí que primeiramente tive a ideia de que o presente proporciona um foco intenso e um afeto* não envolvido, enquanto a narração no pretérito dá uma melhor noção da continuidade, da variedade e da profundidade da experiência.

O exercício tem por intenção trazer à tona a diferença que pode fazer uma mudança de pessoa e tempo verbal.

EXERCÍCIO SEIS
A velha senhora

O texto deve estender-se por cerca de uma página; mantenha-o curto e não muito ambicioso, porque você vai escrever a mesma história duas vezes.

Eis o assunto: uma senhora está ocupada fazendo algo – lavando a louça, ou cuidando do jardim, ou editando uma tese de doutorado em matemática, o que você quiser – enquanto pensa sobre um evento que aconteceu em sua juventude.

Você vai *intercalar* as duas épocas. "Agora" é onde ela está e o que está fazendo; "então" é sua memória de algo que aconteceu quando ela era jovem. Sua narração irá mover-se *para a frente e para trás* entre "agora" e "então".

Você fará *pelo menos dois* desses movimentos ou saltos no tempo.

Versão Um: PESSOA: Escolha a primeira (*Eu*) ou a terceira pessoa (*Ela*). TEMPO VERBAL: Conte tudo no pretérito ou no presente. Faça com que as mudanças entre "agora" e "então" na mente dela sejam claras para o leitor – não o faça perder tempo –, mas seja sutil, se conseguir.

Versão Dois: Escreva a mesma história. PESSOA: Use a pessoa gramatical que você não usou na Versão Um. TEMPO VERBAL: Escolha: a) presente para "agora", pretérito para "então", OU b) pretérito para "agora", presente para "então".

Não tente manter a redação das duas versões idêntica. Não repasse a história em seu computador mudando apenas o pronome e as terminações dos verbos. Escreva de novo! Mudar a pessoa e o tempo verbal provocará algumas mudanças na redação, no modo de contar, no sentimento do texto, e é disso que se trata o exercício.

Opção adicional: Se quiser continuar e brincar com outras opções de pessoa/tempo, faça isso.

Ao criticar: Considere a facilidade ou estranheza das mudanças de tempo; quão bem adaptados os tempos escolhidos são ao material; qual pronome e qual escolha ou combinação de tempos funcionou melhor para esta história; se há muita diferença entre as duas versões e, caso haja, qual é.

Para pensar ou conversar depois de escrever: Você ficou mais à vontade escrevendo no pretérito ou presente? Em primeira ou terceira pessoa? Por quê?

Pode ser útil ler a prosa narrativa com uma atenção particular a quais pessoas e tempos verbais são usados, por que o autor pode tê-los usado, quão bem são usados, quais os seus efeitos, se e com que frequência e por que o tempo narrativo é alterado.

*
*Vi que ele estava perdido em suas lembranças,
como um barco à deriva em seu próprio reflexo.*
*

7

Ponto de vista e voz

O ponto de vista (PDV para encurtar) é o termo técnico para *quem está contando a história e qual é a sua relação com ela*.

Essa pessoa, caso seja uma personagem da história, é chamada de personagem focalizadora. A única outra pessoa que pode ser é o autor.[1]

Voz é uma palavra que os críticos usam com frequência ao discutir narrativa. Seu uso é sempre metafórico, já que o que está escrito não tem voz até que seja lido em voz alta. Muitas vezes, a *voz* é uma espécie de abreviatura para autenticidade (escrever com sua própria voz, capturar a verdadeira voz de uma pessoa e assim por diante). Estou usando a palavra de modo ingênuo e pragmático para

....

1. Em certos momentos do texto, a autora trata "autor" e "narrador" como figuras equivalentes, sem deixar de reconhecer que, na prática, essas duas instâncias nem sempre coincidem como sucede em narrativas autobiográficas, por exemplo. [N. E.]

significar *a voz ou as vozes que contam a história*, a voz narradora. Neste livro, a esta altura, tratarei a voz e o ponto de vista como sendo tão intimamente envolvidos e interdependentes que são praticamente a mesma coisa.

OS PRINCIPAIS PONTOS DE VISTA

O que se segue é minha tentativa de definir e descrever os cinco principais pontos de vista narrativos. Cada descrição é seguida de um exemplo: um parágrafo contado naquele PDV, a partir de uma história inexistente chamada "Princesa Sefrid". Trata-se da mesma cena a cada vez, com as mesmas pessoas, os mesmos eventos. Apenas o ponto de vista muda.

Uma nota sobre o "narrador confiável"

Na autobiografia e nas memórias – na narrativa de não ficção de qualquer tipo – o *eu* (quer o escritor use-o ou não) é o autor. Nessas formas, costumamos esperar que o autor/narrador seja confiável: que tente de maneira honesta nos contar o que pensa que aconteceu – não para inventar, mas para relatar.

A imensa dificuldade em relatar fatos honestamente tem sido usada para justificar a escolha de não relatar fatos honestamente. Algumas pessoas que escrevem não ficção, alegando que a ficção tem privilégio sobre a invenção, alteram deliberadamente os fatos a fim de apresentar uma "verdade" superior ao que meramente aconteceu. Os memorialistas e escritores de não ficção que respeito estão plenamente conscientes da impossibilidade de serem perfeitamente factuais e lutam com a questão como se fosse um anjo[2], mas nunca a utilizam como uma desculpa para mentir.

Na ficção, por mais autobiográfica e confessional que seja, o narrador é, por definição, fictício. Mesmo assim, a maioria deles, seja em primeira ou terceira pessoa, costumavam ser de confiança na ficção séria. Mas nossa época de mudança favorece os
....

2. Referência a uma passagem bíblica do *Gênesis* na qual se narra que Jacó lutou até o amanhecer com um homem que encontrou próximo ao vau de Jaboque. O homem não foi capaz de vencer Jacó, mas paralisou-o com um toque. Jacó então exigiu que homem o abençoasse. Tratava-se de um anjo (ou, segundo outra corrente da tradição interpretativa, de Deus). [N. E.]

"narradores não confiáveis", que – de forma deliberada ou inocente – distorcem os fatos.

A motivação aqui é muito diferente daquela do escritor de não ficção desonesto. Narradores de ficção que suprimem ou distorcem os fatos, ou cometem erros ao relatar ou interpretar os eventos, estão quase sempre dizendo-nos algo sobre eles mesmos (e talvez sobre nós). O autor permite-nos ver ou supor o que "realmente" aconteceu e, ao usar o que realmente aconteceu como pedra de toque, nós, leitores, somos levados a entender como as outras pessoas veem o mundo, e por que elas (e nós?) o veem dessa maneira.

Um exemplo familiar de um narrador semiconfiável é Huck Finn. Huck é uma pessoa honesta, mas interpreta mal uma boa parte daquilo que vê. Por exemplo, ele nunca entende que Jim é o único adulto em seu mundo que o trata com amor e honra, e nunca entende que de fato ama e honra Jim. O fato de não conseguir entendê-lo nos diz uma verdade terrível sobre o mundo em que ele e Jim – e nós – vivemos.

A princesa Sefrid, como você verá ao comparar sua relação com as de outras personagens focalizadoras, é inteiramente confiável.

Primeira pessoa

Na narração em primeira pessoa, a personagem focalizadora é "eu". "Eu" conta a história e se envolve nela de maneira central. Somente o que "eu" sabe, sente, percebe, pensa, supõe, espera, lembra-se etc. pode ser contado. Quem lê pode inferir o que as outras pessoas sentem e quem são apenas a partir do que "eu" vê, ouve e diz sobre elas.

Princesa Sefrid: Narração em primeira pessoa

Senti-me tão estranha e solitária ao adentrar a sala repleta de estranhos que quis dar meia-volta e correr, mas Rassa estava logo atrás de mim, e tive de seguir adiante. Pessoas falavam comigo, perguntavam meu nome a Rassa. Em minha confusão, não fui capaz de distinguir um rosto do outro ou compreender o que as pessoas me diziam e as respondia quase ao acaso. Apenas por um momento encontrei de relance o olhar de alguém na multidão, uma mulher que me mirava diretamente, e havia uma gentileza em seus olhos que me fez ansiar por ir até ela. Parecia alguém com quem eu podia conversar.

Terceira pessoa limitada

A personagem focalizadora é "ele" ou "ela". "Ele" ou "ela" conta a história e está envolvido de forma central nela. Somente o que a focalizadora sabe, sente, percebe, pensa, supõe, espera, lembra-se etc. pode ser contado. Quem lê pode inferir o que as outras pessoas sentem e são apenas com base no que a personagem focalizadora observa de seu comportamento. Essa limitação às percepções de uma pessoa pode ser consistente ao longo de todo um livro ou a narrativa pode mudar de uma personagem focalizadora para outra. Tais mudanças são geralmente sinalizadas de alguma forma e geralmente não acontecem em intervalos muito curtos.

Taticamente, a terceira pessoa limitada é idêntica à primeira pessoa. Tem exatamente a mesma limitação essencial: que nada pode ser visto, conhecido ou dito além do que o narrador vê, sabe e conta. Essa limitação concentra a voz e dá a aparência de autenticidade.

Seria de se pensar que poderíamos passar a narração da primeira pessoa para a terceira pessoa limitada simplesmente instruindo o computador a mudar o pronome, depois corrigindo conjugações verbais e *voilà*. Mas não é tão simples assim. A primeira pessoa é uma voz diferente da terceira pessoa limitada. A relação do leitor com essa voz é diferente – porque a relação do autor com ela é diferente. Ser "eu" não é o mesmo que ser "ele" ou "ela". A longo prazo, é necessária uma energia imaginativa bem diferente, tanto para quem escreve como para quem lê.

A propósito, não há garantia de que a terceira pessoa limitada seja confiável.

O fluxo de consciência* é uma forma particularmente interna de terceira pessoa limitada.

Princesa Sefrid: Terceira pessoa limitada

Sefrid sentia-se isolada, conspícua, à medida que adentrava a sala repleta de estranhos. Ela teria se virado e corrido de volta para o quarto, mas Rassa estava logo atrás dela, e ela teve de seguir adiante. Pessoas falavam com ela. Perguntavam seu nome a Rassa. Em sua confusão, ela não conseguia distinguir um rosto do outro ou compreender o que as pessoas lhe diziam. Respondia-lhes ao acaso. Apenas uma vez, por um momento, uma mulher mirou-a diretamente através da multidão, com um olhar aguçado e gentil que fez com que Sefrid ansiasse por atravessar a sala e conversar com ela.

Autor envolvido ("Autor onisciente")

A história não é contada do interior da mente de uma única personagem. Pode haver numerosas personagens focalizadoras, e a voz narrativa pode mudar a qualquer momento de uma personagem para outra dentro da história, ou para uma visão, percepção, análise ou previsão que somente o autor poderia fazer. (Por exemplo, a descrição da aparência de uma pessoa que está completamente sozinha ou a descrição de uma paisagem ou de uma sala em um momento em que não há ninguém lá para vê-la.) O escritor pode dizer-nos o que qualquer um está pensando e sentindo, interpretar o seu comportamento para nós e até mesmo fazer juízos sobre as personagens.

Essa é a voz familiar do contador de histórias, que sabe o que está acontecendo em todos os lugares em que as personagens estão ao mesmo tempo, e o que está se passando dentro das personagens, e o que aconteceu, e o que tem de acontecer.

Todos os mitos, lendas e contos folclóricos, todas as histórias infantis, quase toda a ficção até cerca de 1915 e uma grande quantidade de ficção desde então usam esta voz. Eu não gosto do termo comum "autor onisciente" porque ouço um escárnio crítico nele. Prefiro "autor envolvido". "Narração autoral" é um termo neutro que também usarei.

A terceira pessoa limitada é a voz predominante na ficção moderna – em parte em reação ao gosto vitoriano pela narração do autor envolvido e os muitos possíveis abusos dela.

O autor envolvido é o mais aberto e obviamente manipulador dos pontos de vista. Mas a voz do narrador que conhece toda a história, conta-a porque é importante e está profundamente envolvido com todas as personagens não pode ser descartada como antiquada ou careta. Não é apenas a voz mais antiga e mais usada para contar histórias, mas também o mais versátil, flexível e complexo dos pontos de vista – e, provavelmente, neste ponto, o mais difícil para quem escreve.

Princesa Sefrid: Autor envolvido ("Autor onisciente")

A garota tufariana adentrou a sala de forma hesitante, braços próximos ao corpo, ombros caídos; parecia assustada e indiferente ao mesmo tempo, como um animal selvagem capturado. O grande hemmiano conduziu-a com um ar proprietário e apresentou-a de forma complacente como "princesa Sefrid" ou "a princesa de Tufar". As pessoas aglomeraram-se ao seu redor, ansiosas para conhecê-la ou apenas para encará-la. Ela as suportava, raramente levantando a cabeça, respondendo com brevidade às suas inanidades, com uma voz que mal se ouvia. Mesmo na multidão que se aglomerava e tagarelava, ela criou um espaço ao seu redor, um lugar para sentir-se só. Ninguém a tocava. Não estavam conscientes de que a evitavam, mas ela estava. Dessa solidão, levantou o olhar para encontrar uma mirada não curiosa, mas aberta, intensa, compassiva – um rosto que lhe dizia, através do mar de estranheza: "Eu sou sua amiga".

Autor não envolvido ("Mosca na parede", "Olho da câmera", "Narrador objetivo")

Não há nenhuma personagem focalizadora. O narrador não é uma das personagens e pode dizer das personagens apenas o que um observador totalmente neutro (uma mosca inteligente na parede) poderia inferir delas a partir do seu comportamento e fala. O autor nunca entra na mente de uma personagem. Pessoas e lugares podem ser descritos com exatidão, mas valores e juízos só podem ser indiretamente sugeridos. Uma voz popular por volta de 1900 e na ficção "minimalista" e "de marca", é o menos ostensivamente e mais dissimuladamente manipulador dos pontos de vista.

É uma excelente prática para escritores que esperam leitores codependentes. Quando estamos começando a escrever, às vezes esperamos que nossos leitores respondam ao que escrevemos como nós – que chorem porque choramos. Mas essa é uma relação infantil, não literária com quem lê. Se você é capaz de emocionar um leitor enquanto usa essa voz fria, realmente tem algo emocionante no seu texto.

Princesa Sefrid: Autor não envolvido ("Mosca na parede", "Olho da câmera", "Narrador objetivo")

A princesa de Tufar adentrou a sala, seguida de perto pelo homenzarrão de Hemm. Ela caminhava com passos largos, os braços próximos ao corpo e os ombros caídos. Seu cabelo era grosso e frisado. Ela ficou parada enquanto o hemmiano a apresentava, chamando-a de princesa Sefrid de Tufar. Seus olhos não encontravam os de nenhuma das pessoas que se aglomeravam ao seu redor, encarando-a e fazendo-lhe perguntas. Nenhuma delas tentou tocá-la. Ela respondia com brevidade a tudo o que lhe era dito. Ela e uma mulher mais velha, perto das mesas de comida, trocaram um breve olhar.

Narrador-observador, usando a primeira pessoa

O narrador é uma das personagens, mas não a personagem principal – está presente, mas não é um ator importante nos eventos. A diferença em relação à narração em primeira pessoa é que a história não é sobre o narrador. É uma história que o narrador testemunhou e quer nos contar. Tanto a ficção quanto a não ficção utilizam esta voz.

Princesa Sefrid: Narrador-observador em primeira pessoa

Ela vestia roupas tufarianas, as pesadas vestes vermelhas que eu não via fazia tanto tempo; seus cabelos destacavam-se como uma nuvem de tempestade ao redor do rosto escuro e estreito. No meio de uma aglomeração na qual foi empurrada por seu dono, o senhor de escravos hemmiano chamado Rassa, ela parecia pequena, curvada, defensiva, mas preservou ao seu redor um espaço que era todo seu. Tratava-se de uma cativa, uma exilada, mas vi em seu rosto jovem o orgulho e a bondade que eu havia amado em seu povo, e ansiei por falar com ela.

Narrador-observador, usando a terceira pessoa

Este ponto de vista é limitado à ficção. A tática é muito parecida com a última. A personagem focalizadora é um narrador limitado em terceira pessoa que testemunha os acontecimentos.

Como a falta de confiabilidade é uma forma complexa e sutil de mostrar o caráter do narrador e o narrador-observador não é o protagonista, o leitor está geralmente seguro ao presumir que esta personagem focalizadora é razoavelmente confiável, ou pelo menos transparente, tanto na primeira como na terceira pessoas.

Princesa Sefrid: Narrador-observador em terceira pessoa

Ela usava roupas tufarianas, as pesadas vestes vermelhas que Anna não via fazia quinze anos. No meio de uma aglomeração na qual foi empurrada por seu dono, o senhor de escravos hemmiano chamado Rassa, a princesa parecia pequena, curvada, defensiva, mas preservou ao seu redor um espaço que era todo seu. Tratava-se de uma cativa, uma exilada, e ainda assim Anna viu em seu rosto jovem o orgulho e a bondade que havia amado nos tufarianos, e ansiou por falar com ela.

LEITURA ADICIONAL

Dê uma olhada em um monte de histórias em uma antologia ou retire um monte de romances de sua estante (do período mais amplo possível) e identifique as personagens focalizadoras e os pontos de vista da narração. Observe se mudam e, em caso afirmativo, com qual frequência.

CONSIDERAÇÕES SOBRE A ALTERNÂNCIA DE PONTO DE VISTA

Estou entrando em todos esses detalhes porque o problema narrativo que encontro com mais frequência nas histórias elaboradas em oficinas (e muitas vezes em obras publicadas) diz respeito ao trabalho com o PDV: suas inconsistências e mudanças frequentes.

É um problema até na não ficção, quando o autor começa a contar o que a tia Jane estava pensando e por que o tio Fred engoliu o ilhós. Um memorialista não tem o direito de fazer isso sem indicar claramente que os pensamentos da tia Jane e os motivos do tio Fred não são fatos conhecidos, mas suposições, opiniões ou interpretações do autor. Memorialistas não podem ser oniscientes, nem mesmo por um momento.

Na ficção, o PDV inconsistente é um problema muito comum. A menos que seja manejada com atenção e habilidade, a mudança frequente de PDV sacode quem estiver lendo para todo o lado, saltando entre identificações incompatíveis, confundindo a emoção, deturpando a história.

Qualquer mudança de um dos cinco PDVs descritos acima para outro é perigosa. É uma grande mudança de voz passar da primeira para a terceira pessoa, ou do autor envolvido para o narrador-observador. A mudança afetará todo o tom e toda a estrutura de sua narrativa.

Mudanças dentro da terceira pessoa limitada – da mente de uma personagem para a de outra – requerem uma consciência e cuidado iguais. Quem escreve deve estar ciente de todas as alternâncias de personagens focalizadoras, ter uma razão para fazê-las e estar no controle delas.

Sinto vontade de escrever os dois últimos parágrafos de novo, mas isso seria rude. Posso pedir a você que os leia mais uma vez?

Os exercícios de PDV têm o objetivo de torná-lo temporariamente superconsciente, e para sempre consciente, do PDV que você está usando e quando e como você o muda.

A terceira pessoa limitada é, atualmente, a mais habitual para quem escreve ficção. A primeira pessoa é, decerto, a voz que os memorialistas mais usam. Acho que é uma boa ideia para todos nós experimentarmos todas as outras possibilidades.

Quem escreve ficção se acostuma a escrever nas vozes de outras pessoas, a ser outros "eus". Mas não os memorialistas. Usar a terceira pessoa limitada na narrativa factual é transgredir, fingir que se sabe o que outra pessoa real pensou e sentiu. Mas não há problema em fingir que você sabe o que alguém inventado pensa e sente. Portanto, recomendo que, apenas para o exercício, os memorialistas inventem uma história e criem personagens da forma desavergonhada usada na ficção.

EXERCÍCIO SETE
Pontos de vista

Pense em uma situação para um esboço narrativo de 200-350 palavras. Pode ser sobre o que você quiser, mas deve envolver *várias pessoas fazendo algo* (várias significa mais que duas; mais que três será útil). Não precisa ser um evento grande e importante, embora possa sê-lo, mas algo deve *acontecer*, mesmo que seja apenas um carrinho de supermercado enroscado em outro, uma discussão ao redor da mesa sobre a divisão familiar do trabalho ou um pequeno acidente de trânsito.

Por favor, use pouco ou nenhum diálogo nestes exercícios de PDV. Enquanto as personagens falam, suas vozes cobrem o PDV, e assim você não estará explorando essa voz, que é o objetivo do exercício.

Parte Um: Duas vozes

Primeiro: Conte sua historinha a partir de um único PDV, o de um participante do evento – um senhor, uma criança, um gato, o que você quiser. Use a terceira pessoa limitada.

Segundo: *Reconte a história* a partir do PDV de uma das outras pessoas envolvidas no evento. Mais uma vez, use a terceira pessoa limitada.

~~~~~~~~~~~~~~~~

À medida que avançamos para as próximas partes deste exercício, se sua pequena cena ou situação ou história deixar de dar frutos, invente outra na mesma linha. Mas se a original continuar a render novas possibilidades em vozes diferentes, basta continuar explorando-as. Essa será a maneira mais útil e instrutiva de se fazer o exercício.

~~~~~~~~~~~~~~~~

Parte Dois: Autor não envolvido
Conte a mesma história usando o PDV do autor não envolvido ou "mosca na parede".
Parte Três: Narrador-observador
Se na versão original não havia uma personagem que estivesse lá, mas não fosse uma participante, apenas uma observadora, acrescente agora tal personagem. Conte a mesma história na voz dessa personagem, na primeira ou terceira pessoa.

Parte Quatro: Autor envolvido

Conte a mesma ou uma nova história usando o PDV do autor envolvido.

A Parte Quatro pode exigir que você expanda a coisa toda até duas ou três páginas, chegando a umas mil palavras ou mais. Talvez você descubra que precisa dar um contexto à história, investigar o que levou àqueles acontecimentos ou segui-los mais um pouco. O autor não envolvido ocupa o menor espaço possível, mas o autor envolvido precisa de uma quantidade razoável de tempo e espaço para se movimentar.

Se a sua história original simplesmente não se presta a esta voz, encontre uma que você queira contar e com a qual possa envolver-se emocional e moralmente. Não quero dizer com isso que ela tenha de ser factualmente verdadeira (se for, você pode ter problemas para sair do modo autobiográfico e assumir a voz do autor envolvido, que é um modo *ficcional*). E não quero dizer que você deva usar sua história para fazer um sermão. Quero dizer que a história deve ser sobre algo importante para você.

Nota: Pensamentos não ditos

Muitos escritores preocupam-se em como apresentar os pensamentos não ditos das personagens. Editores costumam colocar pensamentos em itálico, se você não os impede.

Os pensamentos são tratados exatamente como o diálogo, se você os apresentar diretamente:

> "Pai do céu", pensou a tia Jane, "ele está comendo aquele ilhós!"

Mas, ao apresentar os pensamentos das personagens, você não precisa usar aspas, e usar o itálico ou qualquer recurso tipográfico pode enfatizar demais o material. Basta deixar claro que aquele trecho está se passando dentro da cabeça de alguém. As maneiras de fazer isso são várias:

> Assim que ouviu Jim gritar, tia Jane soube que Fred havia engolido o ilhós, afinal.

> Eu simplesmente sei que ele vai engolir o ilhós novamente, disse Jane a si mesma enquanto separava os botões.

Ah, Jane pensou, eu realmente gostaria que o velho tolo se apressasse e engolisse aquele ilhós!

Ao criticar esses exercícios de ponto de vista e ao pensar e falar sobre eles mais tarde, diversas preferências acentuadas por certas vozes e pontos de vista talvez surjam; pode ser interessante considerá-las e discuti-las.

Mais tarde, você talvez queira voltar a alguns desses exercícios, usando as instruções em uma história diferente ou talvez recombinando os exercícios. A escolha do(s) ponto(s) de vista e da voz em que a história é narrada pode fazer uma imensa diferença para o tom, o efeito e até mesmo o significado dela. Quem escreve muitas vezes descobre que uma história que quer contar "gruda" e não funciona até que encontre a pessoa certa para contá-la – quer seja uma escolha entre a primeira e a terceira pessoa, ou entre o autor envolvido e uma terceira pessoa limitada, ou entre uma personagem envolvida na ação e um espectador, ou entre um e vários narradores. Os exercícios opcionais a seguir podem ajudar a trazer à tona a riqueza das escolhas e a necessidade de escolha.

Adições opcionais ao
EXERCÍCIO SETE

Conte uma história diferente, com ambas as versões na primeira pessoa em vez da terceira limitada.

Ou conte a história de um acidente duas vezes: uma no modo do autor não envolvido, ou em uma voz jornalística, de reportagem, e depois do ponto de vista de uma personagem envolvida no acidente.

Se há um modo ou voz de que você não goste em particular, é provável que seja aquele que deva tentar usar novamente, nem que seja para descobrir por que não gosta dele. (Tenho certeza de que você vai apreciar sua aveia se prová-la, meu bem.)

Exemplo 11

Como a onisciência está fora de moda e alguns leitores não estão acostumados a um narrador que admite conhecer toda a história, pensei que poderia ser útil oferecer alguns exemplos do PDV autoral envolvido.

Dois deles são vitorianos, com todos os excessos e toda a vitalidade do narrador descaradamente engajado. Este parágrafo de *A cabana do pai Tomás* descreve Eliza, uma escravizada, fugindo após ter descoberto que seu filho será vendido.

Harriet Beecher Stowe: *A cabana do pai Tomás*

O chão congelado crepitava sob seus pés, e ela tremia com o som; cada vibrar de folha e oscilar de sombra fazia seu sangue recuar ao coração e a fazia acelerar o passo. Ela se espantava em seu íntimo com a força que parecia tê-la possuído; pois sentia o peso do filho como se fosse uma pluma, e cada tremor de medo parecia aumentar a potência sobrenatural que a impelia, enquanto de seus lábios pálidos irrompiam, em ejaculações frequentes, a prece para um Amigo nas alturas: "Senhor, socorro! Senhor, ajude-me!".

Se fosse o *seu* Harry, mãe, ou o seu Willie, que seria arrancado de você por um mercador cruel, amanhã de manhã; se tivesse visto o homem, e escutado que os papéis foram assinados e entregues, e que tinha apenas da meia-noite ao amanhecer para realizar a fuga... Qual seria a *sua* velocidade? Quantos quilômetros você seria capaz de percorrer nessas poucas horas, com seu rebento no peito, a cabecinha dorminhoca em seu ombro, os bracinhos macios agarrados com confiança ao seu pescoço?

O poder de tais cenas é cumulativo, decerto, mas mesmo nesse fragmento eu considero a súbita guinada da autora para o leitor espantosa e comovente – "Qual seria a *sua* velocidade?".

Exemplo 12

O Exemplo 12 são as primeiras páginas dos três primeiros capítulos de *A casa soturna*, de Dickens. Os dois primeiros capítulos estão na voz autoral envolvida, no tempo presente; o terceiro está na primeira pessoa, no pretérito, sendo a narradora a personagem Esther Summerson. Os capítulos alternam-se dessa forma ao longo do livro – uma alternância incomum, da qual falarei mais adiante.

Charles Dickens: *A casa soturna*

CAPÍTULO I: NA CHANCELARIA

LONDRES. O período forense de São Miguel recém-encerrado, e o lorde chanceler sentado no salão da Lincoln's Inn. Os ares implacáveis de novembro. Com muita lama na rua, como se as águas tivessem há pouco deixado a face da terra, e não seria incrível deparar-se com um megalossauro, de mais ou menos doze metros, gingando feito um lagarto mastodôntico pela Holborn Hill. Fumaça caindo do topo das chaminés, criando uma leve garoa preta, com flocos de fuligem tão grandes quanto os maiores flocos de neve – enlutados, pode-se imaginar, pela morte do sol. Cães, todos iguais em meio ao lodo. Cavalos ligeiramente em melhor estado; sujos até os olhos. Pedestres, guarda-chuvas colidindo entre si, em uma infecção generalizada de mau humor, e perdendo a firmeza nas esquinas, por onde dezenas de milhares de outros pedestres deslizaram e escorregaram desde que o sol raiou (se é que raiou), adicionando novos sedimentos a camadas e camadas de lama, grudadas tenazes aos pavimentos daquelas áreas e acumulando-se em juros compostos.

Neblina em toda parte. Neblina rio acima, por onde flui entre ilhotas e prados verdes; neblina rio abaixo, por onde passa maculada entre as fileiras de carregamentos e a poluição à beira-mar de uma cidade grande (e suja).

Neblina nos pântanos de Essex; neblina nos morros de Kent. Neblina invadindo a cozinha dos brigues carvoeiros; neblina repousando nos jardins e pairando no cordame dos grandes navios; neblina recostando-se nas amuradas de barcaças e barcos menores. Neblina nos olhos e gargantas de antiquíssimos pensionistas de Greenwich, respirando com chiado ao lado das lareiras de suas alas; névoa no fornilho e na piteira do cachimbo vespertino do capitão de pesca furioso, em sua pequena cabina; névoa beliscando cruelmente os dedos das mãos e dos pés de seu jovem aprendiz trêmulo no convés. Pessoas ao acaso nas pontes mirando para além do parapeito um céu tartáreo de névoa, rodeadas por névoa, como se estivessem em um balão, suspensas no interior das nuvens.

Chamas a gás assomam-se em meio à névoa em diversos pontos da rua, assim como o sol, nos campos úmidos, parece assomar-se ao camponês e ao lavrador. A maioria dos estabelecimentos acendeu a luz duas horas antes do normal – e as chamas parecem saber disso, pois têm um aspecto fatigado e indisposto.

A tarde fria é mais fria, e a névoa densa é mais densa, e as ruas enlameadas são mais enlameadas próximo à velha obstrução lúgubre, um ornamento adequado para uma velha corporação lúgubre: o Temple Bar. E perto do Temple Bar, no salão da Lincoln's Inn, bem no coração da neblina, está sentado o Alto Lorde Chanceler, em sua Alta Corte da Chancelaria.

CAPÍTULO II: NA MODA

Milady Dedlock voltou à sua casa na cidade por alguns dias antes de viajar a Paris, onde vossa senhoria pretende ficar por algumas semanas; depois disso, suas ações não são certas. A inteligência moderna assim dita, para o conforto dos parisienses, e entende de tudo que é moderno. Entender as coisas de outro modo seria antiquado. Milady Dedlock estava no que ela chama, em conversas íntimas, de seu "recanto" em Lincolnshire. Há uma inundação em Lincolnshire. Um arco da ponte do parque foi desestabilizado e engolido pelas águas. A baixada adjacente, por dois quilômetros de largura, é um rio parado, com árvores melancólicas ilhadas, e uma superfície toda perfurada, o dia inteiro, pela chuva que cai. O "recanto" de milady Dedlock ficou extremamente soturno. O tempo, por muitos dias e noites, ficou tão úmido que as árvores parecem úmidas por dentro, e os cortes e podas do machado do lenhador não estalam ao cair. Os cervos, com aparência encharcada, deixam lamaçais por onde passam.

O disparo de um fuzil perde a acuidade no ar úmido, e sua fumaça se move em uma nuvenzinha vagarosa até a encosta verde, revestida por matagal, que serve de pano de fundo para a chuva. A vista da janela de milady Dedlock alterna entre cor de chumbo e de nanquim. Os vasos do pátio de pedra na frente coletam a chuva o dia todo; e as gotas grossas caem, pingam, pingam, pingam no pavimento de lajes largas, chamado, desde antigamente, de Passeio do Fantasma, a noite toda. Aos domingos, a igrejinha do parque apresenta bolores; o púlpito de carvalho sua frio; e há um odor e sabor generalizado análogo aos antigos Dedlock em suas sepulturas. Milady Dedlock (que não tem filhos), ao olhar da janela de seu *boudoir* no fim da tarde para uma cabana e ver a luz de uma lareira por entre as treliças, e fumaça subir da chaminé e uma criança, acompanhada de uma mulher, correr para encontrar a figura reluzente de um homem atravessando o portão, ficou de mau humor. Milady Dedlock diz que está "morrendo de tédio".

Por isso, milady Dedlock saiu do recanto em Lincolnshire e o deixou à mercê da chuva, dos corvos, dos coelhos, dos cervos, das perdizes e dos faisões. Os retratos dos Dedlock que já se foram pareceram sumir nas paredes umedecidas por puro desânimo conforme a governanta passou pelos antigos aposentos, fechando as venezianas. E quando eles emergirão novamente, a inteligência moderna – que, como o diabo, é onisciente quanto ao passado e ao presente, mas não quanto ao futuro – ainda não é capaz de dizer.

Sir Leicester Dedlock é apenas um baronete, mas não há baronete mais imponente do que ele. Sua família é tão velha quanto os morros e infinitamente mais respeitável. Ele é da opinião de que o mundo sobreviveria sem morros, mas estaria condenado sem os Dedlock. Ele no geral admitiria que a natureza é uma boa ideia (um tanto vulgar, talvez, quando não há uma cerca à sua volta), mas uma ideia dependente da execução das grandes famílias do condado. É um cavalheiro de consciência austera, desdenhoso de toda pequenez e baixeza, e disposto, ao menor sinal, a morrer qualquer morte que se possa sugerir para não dar chance à menor das dúvidas acerca de sua integridade.

É um homem honrado, obstinado, franco, vivaz, altamente preconceituoso e perfeitamente irracional.

CAPÍTULO III: UM AVANÇO

Tenho bastante dificuldade para começar a escrever minha porção destas páginas, pois sei que não sou muito inteligente. Sempre soube. Lembro que, quando ainda era pequenininha, dizia à minha boneca, quando estávamos a sós: "Ora, Bebê, não sou inteligente, você sabe muito bem, e preciso que tenha paciência comigo, seja querida!". E ela ficava sentada ajeitada em uma grande poltrona, com seu belo semblante e seus lábios rosados, olhando para mim – ou nem tanto para mim, acho, e mais para o nada – enquanto eu me ocupava da costura e contava a ela todos os meus segredos.

Minha amada boneca! Eu era um bichinho tão tímido que raramente ousava abrir a boca, e nunca ousava abrir o coração a mais ninguém. Quase choro de pensar no alívio que era, quando eu chegava da escola, subir as escadas até meu quarto e dizer: "Ai, minha querida e fiel Bebê, sabia que estaria à minha espera!", e depois sentar-me no chão, recostada no braço de sua poltrona, e contar a ela tudo o que eu observara desde que havíamos nos separado. Eu sempre tive um jeito observador – não um jeito ligeiro, isso não! –, uma forma silenciosa de observar o que ocorria diante de mim e pensar que gostaria de compreender melhor. Não tenho de maneira alguma um discernimento ligeiro. Quando amo alguém com muita ternura, as coisas parecem ficar mais claras.

Mas mesmo isso talvez seja vaidade minha.

Fui criada, desde que tenho memória – como algumas das princesas nos contos de fadas, embora eu nada tivesse de encantada –, por minha madrinha. Pelo menos, sempre a conheci assim. Ela era uma mulher boa, muito boa! Ia à igreja três vezes aos domingos e às rezas matinais às quartas e sextas, e aos sermões, sempre que havia sermões; e nunca faltava. Ela era bela; e, se alguma vez sorrisse, seria (eu acreditava) como um anjo – mas ela nunca sorria. Sempre estava solene e austera. Era tão boa, creio eu, que a maldade dos outros a deixou carrancuda a vida toda. Sentia-me tão diferente dela, mesmo desconsiderando todas as diferenças entre uma criança e uma mulher; sentia-me tão pobre, tão insignificante e tão distante; que nunca conseguia ficar à vontade com ela – nem conseguia amá-la como gostaria. Lamentava muito ao pensar o quanto ela era boa, e o quanto eu não a merecia; e eu esperava com ardor ter um coração melhor; e muitas vezes falava disso com minha querida boneca; mas nunca amei minha madrinha como deveria amar e como eu sentia que amaria, se fosse uma menina melhor.

Exemplo 13

O Exemplo 13, um trecho de *O Senhor dos Anéis*, dá um vislumbre encantador da amplitude aberta ao autor envolvido, que pode cair no PDV de uma raposa que passa. A raposa "nunca descobriu nada mais a respeito", e nós nunca descobrimos mais nada sobre a raposa, mas lá está ela, alerta e viva, tudo em um só momento, observando para nós o obscuro início de uma grande aventura.

J. R. R. Tolkien: *O Senhor dos Anéis*[3]

"Estou com tanto sono", comentou ele, "que logo vou despencar na estrada. Vocês vão dormir em pé? Já é quase meia-noite."

"Pensei que você gostava de caminhar no escuro", disse Frodo. "Mas não há grande pressa. Merry nos espera a alguma hora depois de amanhã; mas isso nos dá quase mais dois dias. Vamos parar no primeiro ponto adequado."

"O vento está no Oeste", afirmou Sam. "Se alcançarmos o outro lado deste morro vamos encontrar um ponto bem abrigado e confortável, senhor. Tem um bosque seco de abetos logo em frente, se bem me lembro." Sam conhecia bem a

....

3. TOLKIEN, J. R. R. *O Senhor dos Anéis*: volume único. Tradução de Ronald Kyrmse. Rio de Janeiro: HarperCollins Brasil, 2022. [N. E.]

paisagem num raio de vinte milhas da Vila-dos-Hobbits, mas esse era o limite de sua geografia.

Logo além do topo da colina deram com o capão de abetos. Saindo da estrada, penetraram na profunda escuridão das árvores, com aroma de resina, e reuniram galhos secos e pinhas para fazer fogo. Logo obtiveram alegres estalidos de chamas ao pé de um grande abeto e passaram algum tempo sentados em torno dele até começarem a cabecear. Então, cada um num canto das raízes da grande árvore, enrodilharam-se nas capas e nos cobertores, e logo estavam dormindo profundamente. Não puseram vigia; mesmo Frodo ainda não temia nenhum perigo, pois estavam ainda no coração do Condado. Algumas criaturas vieram olhá-los depois de o fogo se apagar. Uma raposa que passava pela floresta em seus próprios afazeres parou por alguns minutos e farejou.

"Hobbits!", pensou. "Bem, e o que mais? Ouvi falar de feitos estranhos nesta terra, mas raramente ouvi de um hobbit dormindo ao relento embaixo de uma árvore. Três deles! Há algo muito esquisito por trás disto." Tinha toda a razão, porém nunca descobriu nada mais a respeito.

Se você voltar ao Exemplo 8, da seção "O tempo passa" de *Ao farol*, verá a autora envolvida entrar e sair de suas próprias percepções e dos pontos de vista das personagens tão ágil e facilmente que os PDV dissolvem-se uns nos outros e transformam-se em uma voz que é a "a voz da beleza do mundo", mas que é também a voz do próprio livro, a história contando-se a si mesma. Esse tipo de mudança rápida e não assinalada, discutida mais adiante, é rara e requer imensa certeza e habilidade.

LEITURA ADICIONAL

O autor envolvido ou autor "onisciente": causa-me certa timidez dizer a alguém para ler *Guerra e paz* de Tolstói, já que é um empreendimento e tanto, mas é um livro maravilhoso. E, nos aspectos técnicos, é quase milagroso na forma como se desloca de modo imperceptível da voz do autor para o ponto de vista de uma personagem, falando com perfeita simplicidade na voz interior de um homem, de uma mulher, até mesmo de um cão de caça e depois voltando aos pensamentos do autor... Até que, no final, você sente que viveu muitas vidas: o que talvez seja o maior presente que um romance pode nos dar.

O narrador não envolvido ou "mosca na parede": qualquer um dos escritores que se autointitulava "minimalista", como Raymond Carver, escreveu histórias que fornecem bons exemplos dessa técnica.

O narrador-observador: ambos Henry James e Willa Cather usavam esse recurso com frequência. James usava a terceira pessoa limitada para seus narradores-observadores, o que distancia toda a história. Cather usava um narrador-testemunha masculino na primeira pessoa, notadamente em *Minha Ántonia* e *A Lost Lady*, e é interessante especular por que uma escritora quereria falar através de uma máscara masculina.

O narrador não confiável: "A volta do parafuso", de Henry James, é um exemplo clássico. É melhor não acreditarmos em tudo o que a governanta nos diz, e devemos olhar através do que ela diz para o que ela deixa de fora. Será que está nos enganando ou enganando a si mesma?

O ponto de vista na ficção de gênero é interessante. Seria de se esperar que a maior parte da ficção científica fosse escrita sem entrar nas personagens, mas, se você a ler, descobrirá que isso não é nem um pouco verdade. Romances em série bastante despretensiosos, como aqueles que utilizam as personagens de *Star Trek*, podem ser altamente sofisticados em suas mudanças de PDV.

Muitos mistérios são escritos no modo "onisciente", mas a limitação e o desenvolvimento do conhecimento do narrador são frequentemente o dispositivo central de um mistério, e muitos dos melhores, como aqueles do sudoeste estadunidense de Tony Hillerman, os venezianos de Donna Leon ou os de Chicago de Sara Paretsky, são contados do ponto de vista do detetive.

Por tradição, histórias de amor são escritas em terceira pessoa limitada, através das percepções da heroína, mas a primeira pessoa, o narrador-observador e a narração de autor envolvido são igualmente adequados ao gênero.

Um clássico fundador do romance ocidental, *The Virginian*, de Owen Wister, é contado predominantemente na primeira pessoa por um narrador-observador novato vindo do leste (e muitos escritores posteriores do gênero imitaram esse estratagema). Wister passa, de forma um pouco desajeitada, para uma narração autoral a fim de nos contar eventos que o narrador-observador não poderia ter observado. O belo romance de Molly Gloss passado no oeste americano, *The Jump-Off Creek*, move-se para a frente e para trás entre a primeira pessoa em registros do diário e a terceira pessoa limitada. Um exemplo interessante de memórias pessoais contadas em cartas – e, em um ponto muito doloroso, contadas na terceira pessoa, como se fossem sobre outra pessoa que não a autora – são as *Letters of a Woman Homesteader*, de Elinore Pruitt Stewart.

Mudar o ponto de vista, usando vários narradores, é um dispositivo estrutural essencial de muitas histórias e romances modernos. Margaret Atwood o faz com primor; veja *A noiva ladra*, ou seus contos, ou *Vulgo Grace* (um romance tão bem feito e bem escrito que poderia servir de exemplo para quase todos os tópicos deste livro). Você já leu ou viu o filme de *Rashomon*? É o conto clássico de quatro testemunhas contando quatro versões totalmente diferentes do mesmo evento. *Making History*, de Carolyn See, é contado nas vozes de um conjunto de narradores cujas discrepâncias são uma parte essencial da astúcia e do poder do livro. Em minha novela "Hernes", em *Searoad*, quatro mulheres contam a história de uma família de cidade pequena ao longo de todo o século 20, suas vozes passando de uma a outra entre as gerações. Talvez a obra-prima desse tipo de narração "coral" seja *As ondas*, de Virginia Woolf.

*
*Navegaram suavemente do passado ao
presente, mas agora não podem retornar.*
*

8

Alternando o ponto de vista

Você pode mudar o ponto de vista, é claro; é seu direito inalienável ao escrever ficção. Tudo o que estou dizendo é que precisa saber que está fazendo isso; alguns escritores não sabem. E precisa saber quando e como fazê-lo, de modo que, quando o deslocar, carregue o leitor consigo sem esforço.

Alternar entre a primeira e a terceira pessoa é tremendamente difícil em um texto curto. Mesmo em um romance, como no Exemplo 12, esse deslocamento é incomum, e pode ser, no fim das contas, insensato. *A casa soturna* é um romance poderoso, e parte de seu poder dramático talvez venha dessa alternância e contraste de vozes altamente artificiais. Mas a transição de Dickens para Esther é sempre um solavanco. E a garota de vinte anos por vezes começa a soar terrivelmente como o romancista de meia-idade, o que é implausível (embora um alívio, pois Esther é dada a cansativos acessos de autodepreciação, e Dickens não).

Dickens estava bem ciente dos perigos de sua estratégia narrativa: o autor narrador nunca se sobrepõe ao narrador-observador, nunca entra na mente de Esther, nunca sequer a vê. As duas narrativas permanecem separadas. O enredo as une, mas elas jamais se tocam. É um dispositivo ímpar.

Assim, meu sentimento geral é que, se você for tentar o deslocamento primeira-para-terceira, tenha uma razão muito boa para fazê-lo, e faça-o com muito cuidado. Não bote o carro na frente dos bois.

Você realmente não pode alternar entre a voz autoral envolvida e a não envolvida dentro de um só texto. Não sei por que iria querer fazê-lo.

E mais uma vez: o autor envolvido pode mover-se de uma personagem focalizadora para outra à vontade, mas, se isso acontecer com muita frequência, a menos que a escrita seja soberbamente controlada, os leitores se cansarão de ser jogados de mente para mente ou perderão a noção do interior da mente de quem devem estar.

Perturbador em particular é o efeito de ser jogado em um ponto de vista diferente *por um momento*. Com cuidado, o autor envolvido pode fazer isso (Tolkien o faz com a raposa). Mas isso *não pode* ser feito em terceira pessoa limitada. Se você está escrevendo a história do ponto de vista de

Della, pode dizer "Della levantou os olhos na direção do rosto adorador de Rodney", mas não pode dizer "Della levantou seus incrivelmente belos olhos violeta na direção do rosto adorador de Rodney". Embora Della possa estar bem ciente de que seus olhos são violeta e belos, ela não os vê quando olha para cima. Rodney os vê. Você mudou do PDV dela para o dele. (Se Della está de fato pensando no efeito de seus olhos sobre Rodney, você precisa dizê-lo: "Ela levantou seus olhos, sabendo o efeito que sua beleza violeta teria sobre ele"). Mudanças de PDV de uma só palavra como essa não são incomuns, mas sempre são desconfortáveis.

A narração autoral e a terceira pessoa limitada têm uma ampla sobreposição, já que o autor envolvido pode usar e geralmente usa a narração de terceira pessoa de maneira livre, e pode limitar a percepção por algum tempo a uma única pessoa. Quando a voz autoral é sutil, pode ser difícil dizer com certeza em que modo uma obra foi escrita.

Portanto: você pode mudar de uma personagem focalizadora para outra quando quiser, se souber por que e como está fazendo isso, se for cauteloso na frequência com que o fizer, e se nunca o fizer por um momento apenas.

EXERCÍCIO OITO
Mudar vozes

Parte Um: Mudanças rápidas em terceira limitada: uma breve narrativa, 300-600 palavras. Você pode usar um dos rascunhos do Exercício Sete ou fazer uma nova cena do mesmo tipo: várias pessoas envolvidas na mesma atividade ou evento.

Conte a história *usando várias personagens focalizadoras (narradoras) em terceira pessoa limitada*, alternando de uma para outra à medida que a narrativa prosseguir.

Marque as alternâncias com quebras de linha, o nome do narrador entre parênteses no topo da seção ou qualquer outro dispositivo de que goste.

Repito: sempre que a mudança frequente de PDV vem sem aviso prévio é arriscada, perigosa. Então você vai fazer algo perigoso.

Parte Dois: Na corda bamba

Em 300-1.000 palavras, conte a mesma história ou uma nova história do mesmo tipo, deliberadamente deslocando o PDV de personagem para personagem várias vezes sem nenhum sinal óbvio de que isso está sendo feito.

É claro que você pode fazer a Parte Dois simplesmente removendo os "sinais" da Parte Um, mas não aprenderá muito assim. A "corda bamba" exige uma técnica narrativa diferente e, possivelmente, uma narrativa diferente. Acho provável que o texto acabe sendo escrito pelo autor envolvido, mesmo que você aparentemente esteja usando apenas o ponto de vista da terceira pessoa limitada. Essa corda é realmente comprida, e não há rede embaixo.

Um modelo desse tipo de mudança de PDV é o Exemplo 14, de *Ao farol*.

Exemplo 14

Virginia Woolf: *Ao farol*

O que a fez dizer que "Estamos nas mãos do Senhor", perguntou-se. A falsidade que escapava em meio às verdades instigava-a, irritava-a. Ela retornou ao tricô mais uma vez. Como um Senhor poderia ter feito este mundo?, perguntou. Com a mente, sempre captara o fato de que não há razão, ordem, justiça; apenas sofrimento, morte, pobreza. Não havia deslealdade baixa demais para que o mundo a cometesse; sabia disso. Nenhuma felicidade durava; sabia disso. Ela tricotava com firme compostura, contraindo os lábios de leve e, sem perceber, tanto endurecia e arranjava as linhas do rosto em um manto de severidade que quando seu marido passou, embora risse consigo da ideia de que Hume, o filósofo, após ficar enorme de gordo, atolara num brejo, não pôde deixar de notar, de passagem, a severidade no âmago da beleza dela. Isso o entristecia, e o distanciamento o magoava, e ele sentiu, ao passar, que não tinha como protegê-la, e, quando chegou à cerca viva, estava triste. De fato, a verdade infernal era que ele piorara a situação dela. Ele era irritável; era melindroso. Perdera a calma por causa do farol. Ele olhou para a cerca-viva, para sua complexidade, sua escuridão.

As pessoas, sentia a sra. Ramsay, sempre escapavam da solidão agarrando-se com relutância a alguma pontinha solta, a algum som, a alguma imagem. Ela apurou os ouvidos, mas tudo estava muito quieto; o jogo de críquete acabara; as crianças estavam no banho; havia apenas o som do mar. Ela parou de tricotar; pegou por um momento a meia longa castanho-avermelhada pendurada em suas mãos. Viu a luz de novo. Com certa ironia em sua interrogação, pois, quando se está desperta, as relações mudam, ela olhou para a luz constante, a inclemente, a impiedosa, que lhe era tão semelhante, mas tão diferente, que a tinha à disposição (ela despertou à noite e a viu projetar-se sobre a cama, roçando o chão), mas, apesar do que pensava, ao olhá-la com fascínio, hipnotizada, como se tocasse com os dedos argênteos um recipiente selado em seu cérebro cuja erupção a faria transbordar de deleite, ela já vivenciara a felicidade, felicidade excepcional, felicidade intensa, e ela prateava as ondas fortes com um tom mais brilhoso, conforme a luz do sol esvaía-se, e o azul sumia do mar e vinham ondas de puro limão que se curvavam, cresciam e quebravam na praia, e o êxtase irrompia de seus olhos, e ondas de puro deleite corriam na superfície de sua mente e ela sentia: Basta! Basta!

Ele virou-se e a viu. Ah! Ela era adorável, mais adorável agora do que nunca, pensou. Mas não podia falar com ela. Não podia interrompê-la. Ele queria falar com ela urgentemente, agora que James partira e ela estava enfim sozinha. Mas decidiu que não; não a interromperia. Ela estava agora alheia a ele, envolvida em sua beleza, em sua tristeza. Ele a deixaria em paz, e passou por ela sem nada dizer, por mais que lhe doesse que ela parecesse tão distante, e que ele não pudesse se aproximar, não pudesse fazer nada para ajudá-la. E novamente ele teria passado por ela sem nada dizer se ela, naquele exato momento, não tivesse lhe dado por vontade própria o que sabia que ele nunca pediria, e o chamado, e retirado o xale verde da moldura, e ido até ele. Pois ele desejava, ela sabia, protegê-la.

Observe como Woolf faz as transições sem esforço, mas de forma perfeitamente clara. De "O que a fez dizer" até o segundo "sabia disso", estamos no PDV da sra. Ramsay; depois escorregamos para fora dele, e o sinal é que *podemos ver a sra. Ramsay* contraindo os lábios de leve, arranjando as linhas do rosto "em um manto de severidade", que o sr. Ramsay, passando, rindo ao pensamento de um filósofo atolado num brejo, *vê de seu PDV*; e ele entristece-se, sentindo que não consegue protegê-la. O recuo do parágrafo é o sinal para a mudança de volta para a sra. Ramsay. Quais são as mudanças seguintes e como elas são assinaladas?

UM LEMBRETE SOBRE A IMITAÇÃO

Um medo racional do plágio e uma valorização individualista da originalidade impediram muitos escritores de prosa de usar a imitação deliberada como uma ferramenta de aprendizagem. Nos cursos de poesia, os estudantes podem ser solicitados a escrever "à maneira de" fulano ou a usar uma estrofe ou a cadência de um poeta publicado como modelo, mas os professores de escrita em prosa parecem evitar a própria ideia da imitação. Eu creio que a imitação consciente e deliberada de um texto de prosa que se admira pode ser um bom treinamento, um meio de encontrar a própria voz ao escrever narrativas. Se você quiser imitar qualquer um dos exemplos deste livro, ou qualquer outra coisa, faça-o. O que é essencial é a consciência. Ao imitar, é necessário lembrar que a obra resultante, por mais bem-sucedida que seja, é um treino: não um fim em si mesma, mas um meio que tem por objetivo escrever com habilidade e liberdade na própria voz.

Ao criticar esses exercícios, você pode falar sobre quão bem as mudanças funcionam, o que se ganha (ou perde?) com elas, como o texto poderia ter ficado diferente se contado a partir de um único PDV.

Por um tempo, ao ler ficção depois deste capítulo, você pode tirar um momento para considerar qual PDV está sendo usado, quem é a personagem focalizadora quando o PDV se desloca e assim por diante. É interessante ver como escritores diferentes lidam com o PDV, e você pode aprender muito observando grandes artistas da técnica narrativa, como Woolf e Atwood.

*
A: Baixem as velas!
B: Assim que as encontrarmos!
*

9

Narração indireta, ou o que conta

Este capítulo tem a ver com vários aspectos da narrativa que não parecem ser narração no sentido óbvio de contar eventos.

Algumas pessoas interpretam "história" como se significasse "enredo". Alguns reduzem história à ação. O enredo é tão discutido nos cursos de literatura e escrita, e a ação é tão valorizada que eu quero apresentar uma opinião contrária.

Uma história que não tem nada além de ação e enredo é uma coisa muito pobre, e algumas grandes histórias não têm nenhum dos dois. Para mim, o enredo é apenas um modo de contar uma história conectando os acontecimentos de maneira firme, geralmente através de cadeias causais. O enredo é um dispositivo maravilhoso. Mas não é superior à história, nem mesmo necessário a ela. Quanto à ação, de fato uma história deve mover-se, algo deve acontecer, mas a ação pode ser nada mais do que uma carta enviada que não chega, um pensamento não dito, a jornada de um dia de verão. A ação violenta e incessante é geralmente um sinal de que, de fato, história alguma está sendo contada.

Em *Aspectos do romance*, de E. M. Forster, que eu amo e discuto há anos, há um exemplo famoso de história: "O rei morreu e depois a rainha morreu". E de enredo: "O rei morreu e depois a rainha morreu de tristeza".

Minha opinião é que são ambas histórias rudimentares; a primeira frouxa, a segunda ligeiramente estruturada. Nenhuma delas tem ou é um enredo. "Quando o irmão do rei assassinou o rei e se casou com a rainha, o príncipe herdeiro ficou transtornado" – agora há um enredo; um enredo que você pode reconhecer, na verdade.

Há um número limitado de enredos (alguns dizem sete, outros doze, outros trinta), mas não há limite para o número de histórias. Todos no mundo têm sua história; cada encontro de uma pessoa com outra pode começar uma história. Alguém perguntou a Willie Nelson de onde vinham suas canções e ele respondeu: "O ar está cheio de melodias, você só estende a mão". O mundo está cheio de histórias, você só estende a mão.

Digo isso numa tentativa de liberar as pessoas da ideia de que elas têm de construir um plano elaborado de um enredo intrincado antes de serem autorizadas a escrever uma história. Se é assim que você gosta de escrever, escreva dessa maneira, lógico. Mas se não for, se você não for um planejador ou um enredador, não se preocupe. O mundo está cheio de histórias... Tudo de que você pode precisar são uma personagem ou duas, ou uma conversa, ou uma situação, ou um lugar, e você encontrará a história lá. Você pensa nela, você trabalha nela ao menos parcialmente antes de começar a escrever para que saiba de maneira geral para onde está indo, mas o resto resolve-se por si mesmo na narrativa. Eu gosto da minha imagem de "guiar a embarcação", mas na verdade o barco da história é mágico. Ele conhece seu rumo. O trabalho da pessoa ao leme é ajudá-lo a encontrar seu próprio caminho para onde quer que ele vá.

Neste capítulo também vamos tratar de como fornecer informações em uma narrativa.

Essa é uma habilidade muito clara para quem escreve ficção científica e fantasia, porque muitas vezes essas pessoas têm uma grande quantidade de informações para transmitir, e o leitor não tem como conhecê-las, a menos que seja informado. Se minha história se passa em Chicago em 2005, posso presumir que meu público tem uma ideia geral sobre a época e o lugar e de como as coisas eram e podem preencher a imagem a partir das sugestões mais tênues. Mas se minha história se passa em 4-Beta Draconis em 3205, meus leitores não têm ideia do que esperar. O mundo da história deve ser criado e explicado na história. Isto faz parte do interesse particular e da beleza da ficção científica e da fantasia: o escritor e o leitor colaboram na criação do mundo. Mas é um negócio traiçoeiro.

Se a informação é despejada como uma palestra, mal escondida por algum dispositivo estúpido – "Ah, Capitão, diga-me como funciona o dissimulador de antimatéria!", e então ele diz, infinitamente –, temos o que os escritores de ficção científica chamam de "caroço expositivo". Escritores astutos (em qualquer gênero) não permitem que a exposição forme caroços. Eles esmigalham a informação, moem-na bem e a transformam em tijolos para construir a história.

Quase toda narrativa traz alguma carga de explicação e descrição. Essa carga expositiva pode ser um problema tanto em memórias como em ficção científica. Tornar a informação parte da história é uma habilidade que pode ser aprendida. Como sempre, uma boa parte da solução consiste simplesmente em saber que existe um problema.

Portanto, neste capítulo estamos lidando com histórias que nos contam coisas sem parecer que estão nos contando. Estamos praticando a exposição invisível.

O primeiro exercício é simples e duro.

EXERCÍCIO NOVE
Contando de viés

Parte Um: A & B

O objetivo deste exercício é contar uma história e apresentar duas personagens usando apenas diálogo.

Escreva uma página ou duas – contar palavras seria enganoso, pois o diálogo deixa muitas linhas por preencher –, uma página ou duas de puro diálogo.

Escreva como uma peça de teatro, usando A e B como os nomes das personagens. Nenhuma direção de cena. Nenhuma descrição das personagens. Nada além do que A diz e do que B diz. Tudo o que o leitor sabe sobre quem elas são, onde estão e o que está acontecendo surge por meio do que elas dizem.

Se quiser uma sugestão de tema, coloque duas pessoas em alguma situação de crise: o carro acabou de ficar sem gasolina; a nave espacial está prestes a colidir; a médica acaba de perceber que o idoso infartado de quem está tratando é seu pai...

~~~~~~~~~~~~~~~~

Nota: "A & B" não é um exercício sobre a escrita de um conto. É um exercício sobre *um dos elementos* da narração. Você pode, de fato, terminar com uma peça de teatro ou de performance curta bem satisfatória, mas a técnica não é uma que se use muito ou com frequência em prosa narrativa.

Ao criticar: Se estiver trabalhando em grupo, esse é um bom exercício para escrever em aula. Você provavelmente descobrirá que as pessoas murmuram um bocado enquanto o escrevem.

Se o texto for suficientemente claro para que outra pessoa o leia, quando chegar sua vez de lê-lo em voz alta, é divertido para o autor ser A e outra pessoa ser B (depois de uma leitura silenciosa). Se você for muito corajoso, dê seu texto a outras *duas* pessoas para que o leiam em voz alta. Se eles forem ótimos leitores, você pode aprender bastante sobre como consertar o texto a partir de como o leem, notando onde tropeçam ou confundem a ênfase e o quanto soa natural ou encenado.

Se estiver trabalhando sozinho, leia-o em voz alta. Não sussurrando. BEM ALTO.

Ao conversar ou pensar sobre ele, você talvez queira considerar a eficácia do dispositivo como tal (é um drama minúsculo, afinal de contas). Também pode pensar sobre as seguintes questões: a história está clara? Será que aprendemos o suficiente sobre as pessoas e a situação? Precisamos de mais informações? Ou menos? O que de fato sabemos sobre as pessoas (por exemplo, conhecemos seu gênero)? Como nos sentimos a respeito delas? Poderíamos distinguir as duas vozes sem os sinais A e B e, se não, como elas poderiam ser mais diferenciadas? As pessoas realmente falam dessa maneira?

Mais tarde: "A & B" é um exercício sempre útil, como "Castidade". Se você não tiver nada melhor para fazer, pode sempre enfiar A e B em um carro no meio do Nevada, ou qualquer outra situação, e ver o que dizem. Lembre-se, porém, de que, a menos que você seja um dramaturgo, o resultado não é o que você quer; é apenas um elemento do que você quer. Atores encarnam e recriam as palavras do drama. Na ficção, uma tremenda quantidade de história e personagem pode ser transmitida através do diálogo, mas o mundo da história e as pessoas que o habitam têm de ser criados pelo contador de histórias. Se não há nada nele a não ser diálogo, vozes desencarnadas, há coisas demais faltando.

POLIFONIA

Mesmo assim, continuarei com as vozes por um tempo.

Uma das coisas maravilhosas sobre essa coisa maravilhosa que é o romance é sua multivocalidade, sua polifonia. Todos os tipos de pessoas pensam, sentem e falam em um romance, e essa grande variedade psicológica é parte da vitalidade e beleza da forma.

Pode parecer que para escrever é preciso um dom de mímica, de imitação, para alcançar essa variedade de vozes. Mas não se trata disso. O trabalho é mais próximo daquilo que um ator sério faz, afundando o eu no eu-personagem. É uma vontade de ser as personagens, deixando o que elas pensam e dizem emergir de dentro delas. É a vontade de compartilhar o controle com a própria criação.

Escritores podem precisar de prática consciente na escrita em vozes que não são suas; podem até resistir a isso.

Memorialistas podem escrever apenas em uma voz, a sua própria. Mas, se todas as pessoas numa biografia dizem apenas o que o autor quer que elas digam, tudo o que ouvimos é o autor falando – um monólogo interminável e pouco convincente. Alguns escritores de ficção fazem a mesma coisa. Eles usam suas personagens como porta-vozes para o que querem dizer ou ouvir. E assim obtemos uma história onde todos falam da mesma maneira e as personagens não são nada além de pequenos megafones para o autor.

O que é necessário nesse caso é a prática consciente e séria de escuta, e de uso, e de ser usado pelas vozes de outras pessoas.

Em vez de falar, deixe que outras pessoas falem através de você.

Não posso dizer a um escritor de biografias como fazer isso, porque não sei como ouvir uma voz real e reproduzi-la verdadeiramente. Não é uma habilidade que já tenha praticado; só a admiro com reverência. Talvez uma maneira de começar a praticá-la seja ouvir as pessoas no ônibus, no supermercado, na sala de espera, e tentar lembrar e escrever as falas mais tarde, como um exercício privado de fidelidade à voz real.

Se você escreve ficção, porém, posso dizer-lhe como deixar as pessoas falarem através de você.

Ouça. Apenas fique quieto e escute. Deixe a personagem falar. Não censure, não controle. Ouça e escreva.

Não tenha medo de fazer isso. Afinal de contas, você *está* no controle. Essas personagens são inteiramente dependentes de você. Você as inventou. Deixe que as pobres criaturas fictícias se expressem – você pode usar a tecla Delete sempre que quiser.

~~~~~~~

Parte Dois: Ser o estranho

Escreva uma narrativa de 200-600 palavras, uma cena envolvendo pelo menos duas pessoas e algum tipo de ação ou evento.

Utilize uma única personagem focalizadora, seja na primeira pessoa ou na terceira limitada, que esteja envolvida no evento. Dê-nos os pensamentos e sentimentos da personagem nas palavras dela.

A personagem focalizadora (real ou inventada) deve ser alguém de quem você não gosta, ou que desaprova, ou que odeia, ou que sente ser extremamente diferente de você.

A situação pode ser uma briga entre vizinhos, a visita de um parente ou alguém agindo de forma estranha no caixa do supermercado – qualquer coisa que mostre a personagem focalizadora fazendo o que ela faz e pensando o que ela pensa.

~~~~~~~~~~~~~~~~~

Para pensar antes de escrever: Quando digo "o estranho", "alguém extremamente diferente de você", quero dizer no sentido psicológico: alguém por quem você não sente empatia ou simpatia facilmente.

Uma pessoa que é profundamente distinta de você social e culturalmente, por idioma ou nação, pode na verdade não ser acessível a você enquanto personagem. Talvez você não saiba de fato o suficiente sobre a sua vida para escrever sobre ela por dentro. Meu conselho é: mantenha-se nas redondezas. Há estranhos em todos os lugares.

Para alguns escritores que nunca praticaram este tipo de deslocamento psicológico, já pode ser difícil e assustador mudar de gênero – escrever como uma pessoa do sexo oposto. Se isto se aplica a você, faça-o.

Muitos escritores jovens nunca tentaram escrever como uma pessoa velha (sendo "velha" qualquer coisa acima dos trinta). Se isso se aplica a você, faça-o.

Muitos escritores (mesmo os mais velhos) escrevem sobre relações familiares sempre como a criança, nunca como a mãe ou o pai. Se isso se aplica a você, tente escrever como um progenitor, não como filho.

Se você geralmente escreve sobre certo tipo de pessoa, escreva sobre um tipo de pessoa totalmente diferente.

Se você escreve principalmente ficção, pode fazer deste um exercício de biografia. Reviva a memória de uma pessoa de quem você não gostava, ou que desprezava, ou em relação à qual sentia grande estranheza. Tire um momento para relembrar e escreva a partir do PDV dessa pessoa, tentando supor como ela se sentiu, o que viu, por que disse o que disse. O que ela ou ele achavam de você?

Se você escreve principalmente biografias, pode fazer deste um exercício de ficção. Invente uma pessoa que seja de fato diferente de você, por quem não tenha simpatia. Entre na pele dela, pense e sinta como ela sente.

Nota: Se você estiver lembrando eventos reais, não use este exercício para despertar demônios adormecidos. Não é terapia. É apenas um exercício, embora seja sobre um aspecto importante da escrita que exige certa coragem de quem escreve.

Você pode usar este exercício de forma satírica, odiosa, mostrando-nos como é horrível a personagem focalizadora expor o que ela ou ele realmente pensa e sente. Essa é uma tática de escrita legítima e astuta. Mas nesse caso o propósito do exercício, que é suspender seu julgamento sobre essa pessoa, vai por água abaixo. O que o exercício pede a você é que experimente o que é viver na pele dessa pessoa, vendo o mundo através dos olhos dela.

Ao criticar, você pode usar essa última sugestão como critério. Como leitores, estamos realmente no interior da personagem focalizadora de modo que entendamos algo sobre como ela vê o mundo, ou quem escreveu ficou do lado de fora, julgando a personagem e tentando forçar-nos a fazer o mesmo julgamento? Se há rancor e vingança no texto, a quem eles pertencem?

Outra abordagem: A voz em que o texto é escrito é convincente? Há lugares específicos em que ela soa falsa ou verdadeira? É possível discutir (com os outros ou consigo mesmo) por que é assim?

Pensando a respeito mais tarde, você pode considerar por que escolheu a pessoa que escolheu como a personagem focalizadora. E pode considerar se descobriu algo sobre a sua escrita, sobre sua maneira de lidar com personagens. Vai tentar escrever com uma voz muito diferente da sua própria de novo?

Agora, para afastar-nos totalmente das vozes por um tempo.

A Parte Três do Exercício Nove é como a Parte Um, exceto que é seu oposto. Em "A & B" você só tinha vozes com o que trabalhar, mas nenhum cenário. Neste exercício você não tem nada com o que trabalhar a não ser o cenário. Não há ninguém lá e não há nada – aparentemente – acontecendo.

Antes de fazê-lo, talvez você queira ler os Exemplos 15, 16 e 17.

Exemplo 15

A descrição do quarto de Jacob na faculdade é leve no tom, não parecendo muito significativa. No entanto, o nome do livro é *O quarto de Jacob*... E quando chegamos ao final do livro, na última página, as duas últimas frases desta pequena descrição são repetidas palavra por palavra, com uma ressonância totalmente diferente e de partir o coração. (Ah, o poder da repetição!)

Virginia Woolf: *O quarto de Jacob*

A lua de um branco plumoso nunca deixava o céu escurecer; a noite toda as flores da castanheira estavam alvas no gramado; turvas ficavam as cicutas.

Os garçons do Trinity pareciam embaralhar pratos como cartas, pelo tinido que se ouvia no Grande Pátio. Os aposentos de Jacob, porém, ficavam no Pátio de Neville; no topo; de modo que ao chegar à sua porta ficava-se ligeiramente sem fôlego; mas ele não estava ali. Comia no Salão, provavelmente. O Pátio de Neville ficará escuro muito antes da meia-noite, pois apenas os pilares do outro lado serão sempre brancos, bem como as fontes. É curioso o efeito do portão, como rendas sobre verde-claro. Mesmo na janela ouvem-se os pratos; e também um burburinho das pessoas à mesa; o Salão está iluminado, e as portas de vaivém abrem e fecham com leves batidas. Alguns estão atrasados.

O quarto de Jacob possuía uma mesa redonda e duas cadeiras baixas.

Havia dois lírios amarelos em uma jarra sobre a lareira, uma fotografia de sua mãe; cartões de sociedades com pequenas luas crescentes, brasões e iniciais; anotações e cachimbos; sobre a mesa repousava papel pautado e com margem vermelha – um ensaio, sem dúvida –, "A história consiste na biografia de Grandes Homens?". Havia livros o bastante; poucos livros franceses; mas qualquer um que tenha algum valor lê o que lhe interessa, guiado por seu humor, com entusiasmo extravagante. As vidas do duque de Wellington, por exemplo; Spinoza; as obras de Dickens; *A rainha das fadas*; um dicionário grego com pétalas de papoula sedosas espremidas entre as páginas; todos os elisabetanos. Os chinelos dele eram incrivelmente esfarrapados, como barcos queimados à beira-mar. Havia fotografias dos gregos e uma gravura meia-tinta de Sir Joshua – tudo muito inglês. As obras de Jane Austen, também, talvez em deferência aos critérios de outrem. Carlyle fora um prêmio.

Havia livros sobre os pintores italianos do Renascimento, um *Manual de doenças de cavalo*, e todos os livros didáticos de sempre. Lânguido é o ar de um quarto vazio, pouco avolumando a cortina; as flores na jarra mudam de posição. Uma fibra na poltrona de vime range, apesar de ninguém estar sentado nela.

Exemplo 16

Este exemplo é a famosa abertura de *O retorno do nativo*, de Thomas Hardy. Não há personagens no primeiro capítulo, exceto o urzal de Egdon. A prosa de Hardy é tortuosa e pesada, e é realmente necessário ler o capítulo inteiro para sentir como ele estabelece a cena com tremenda habilidade. Se você ler o livro inteiro, a personagem de que se lembrará com mais clareza, anos depois, talvez ainda seja o urzal de Egdon.

Thomas Hardy: *O retorno do nativo*

Uma tarde de sábado em novembro aproximava-se da hora do crepúsculo, e a grande extensão de terras ermas e desobstruídas conhecida como urzal de Egdon escurecia momento a momento. Sobre ela, a vastidão oca de nuvens brancas tapando o céu era uma tenda que tinha o urzal como piso.

Os céus cobertos por essa tela pálida, e a terra, por vegetação da mais escura; a linha em que se encontram no horizonte está claramente demarcada. Sob esse contraste, o urzal trajava a aparência de um período da noite que ocorrera antes de sua devida hora astronômica: a escuridão já havia efetivamente chegado ali, ao passo que o dia permanecia distinto no céu. Ao olhar para cima, um cortador de tojo tenderia a prosseguir com seu trabalho; ao olhar para baixo, ele decidiria juntar o que cortara e ir para casa. Os limites distantes do mundo e do firmamento pareciam uma divisão não só na matéria, mas no tempo. A face do urzal, meramente por sua compleição, acrescentava meia hora à noite; da mesma forma, conseguia retardar o amanhecer, entristecer o meio-dia, adiantar a carranca de tempestades mal formadas e intensificar a opacidade de uma meia-noite sem lua, de modo a causar tremores e pavor.

Na verdade, exatamente nesse momento de transição noturna para a escuridão a grande e particular glória do ermo de Egdon tinha início, e não se podia dizer que se entendia o urzal sem ter estado ali em uma hora dessas. Ela era sentida ao máximo quando não ficava claramente visível, sendo seu sentido e explicação sustentados por isso e pelas horas seguintes até a próxima alvorada: só então ela contava sua verdadeira história. O lugar era, de fato, parente próximo da noite, e, quando a noite se expunha, uma tendência aparente de gravitação entre os dois se fazia notar nas sombras e na paisagem. A extensão escura de morros e vales parecia elevar-se e reunir-se às trevas da noite em pura harmonia, com o urzal exalando a escuridão tão rápido quanto os céus a precipitavam. E assim a obscuridade do ar e a obscuridade da terra juntavam-se em uma fraternização preta, com cada um percorrendo metade do caminho.

O lugar ficava agora repleto de uma concentração alerta; pois, enquanto outras coisas caíam sorumbáticas no sono, o urzal despertava lentamente e escutava. Toda noite, sua forma titânica parecia aguardar algo; mas assim aguardou, imóvel, por tantos séculos, frente às crises de tantas coisas, que só se podia imaginar que ele aguardava uma última crise – a derrocada final.

Exemplo 17

Seguimos Jane Eyre em sua primeira visita a Thornfield Hall. Estes quartos não estão vazios, uma vez que Jane e a governanta passam por eles conversando, mas o poder do texto está na descrição dos móveis, do telhado com sua ampla vista brilhante, do retorno repentino às passagens sombrias do terceiro andar, e então do riso que Jane ouve: "Era um riso curioso: distinto, formal, desalegre". (Ah, o poder dos adjetivos certos!)

Charlotte Brontë: *Jane Eyre*

Quando deixamos a sala de jantar, ela se ofereceu para me mostrar o resto da casa; e eu a segui escadas acima e abaixo, admirando-me no caminho, pois tudo era belo e bem arrumado. Considerei as grandes câmaras dianteiras especialmente formidáveis; e alguns dos cômodos do terceiro andar, embora escuros e com pé-direito baixo, eram interessantes por seu ar de antiguidade. A mobília antes utilizada nos aposentos dos outros andares era de tempos em tempos recolhida para cá, conforme os gostos mudavam; a luz imperfeita entrando pelos caixilhos estreitos expunha estrados de cama de cem anos atrás; baús de carvalho ou nogueira, que eram, com seus entalhes estranhos de ramos de palmeira e cabeças de querubim, similares à arca hebraica; fileiras de cadeiras respeitáveis, estreitas e de encosto alto; bancos ainda mais antiquados, sobre cujos topos almofadados havia vestígios aparentes de bordados semigastos, feitos por dedos há duas gerações reduzidos a pó.

Todas essas relíquias davam ao terceiro andar de Thornfield Hall um aspecto de casa do passado: um santuário da memória. Eu gostava do silêncio, da escuridão e da estranheza desses refúgios durante o dia; mas de modo algum desejava uma noite de descanso naquelas camas largas e pesadas, algumas fechadas com portas de carvalho, outras sombreadas por cortinas inglesas antigas com bordados grossos, retratando flores estranhas, pássaros mais estranhos e humanos ainda mais estranhos – e tudo pareceria deveras estranho sob o raio pálido do luar.

"Os serviçais dormem nestes quartos?", perguntei.

"Não; eles ocupam uma série de aposentos menores nos fundos; ninguém nunca dorme aqui. Poderia até se dizer que, se houvesse um fantasma em Thornfield Hall, seria aqui que ele assombraria."

"Imagino. Não há fantasmas, então?"

"Não que eu saiba", retrucou a sra. Fairfax, com um sorriso.

"Nem tradições a respeito? Nenhuma lenda ou história de fantasma?"

"Creio que não. E, no entanto, dizem que os Rochester eram uma estirpe mais violenta do que pacífica em seus tempos. Talvez, porém, seja esse o motivo pelo qual agora repousam tranquilos em seus túmulos."

"Sim. 'Após as convulsões febris da vida, eles dormem'", sussurrei. "Aonde vai agora, sra. Fairfax?" Ela se afastava.

"Ao telhado; quer vir e ver a vista de lá?" Continuei seguindo-a, subindo uma escadaria bem estreita para o sótão, depois subindo uma escada de madeira e atravessando um alçapão para o telhado da casa. Estava na altura do bando de corvos, e conseguia ver o interior de seus ninhos. Apoiando-me no parapeito e olhando para baixo, examinei o território ali disposto como um mapa: o gramado vibrante e aveludado cercando de perto a base cinzenta da mansão; o campo, amplo como um parque, salpicado de árvores antigas; o bosque, cinza e seco, dividido por uma trilha visivelmente negligenciada, cujo musgo era mais verde que a folhagem das árvores; a igreja junto aos portões, a estrada, os morros tranquilos, tudo repousando sob o sol do outono; o horizonte preso a um céu amigável e azul com manchas brancas peroladas. Nenhuma parte dessa paisagem era extraordinária, mas tudo era agradável. Quando lhe dei as costas e retornei pelo alçapão, mal conseguia enxergar os degraus da escada; o sótão parecia escuro como uma cripta comparado ao arco de ar azul que eu havia observado, com sua paisagem ensolarada de bosques, gramados e morros verdes, cujo centro era a mansão de onde eu vinha contemplando-a em deleite.

A sra. Fairfax ficou para trás por um momento para fechar o alçapão; eu, tateando, encontrei a saída do sótão e desci pela escada estreita. Permaneci no corredor longo que levava até ela, separando a frente e os fundos do terceiro andar: estreito, baixo e mal iluminado, com uma só janelinha na outra extremidade, parecia-se, com as duas fileiras de portas pretas menores, todas fechadas, com o corredor no castelo do Barba Azul.

Conforme eu andava a passos leves, o último som que eu esperava ouvir em uma área dessas, um riso, chegou a meus ouvidos. Era um riso curioso: distinto, formal, desalegre. Detive-me: o som cessou, apenas por um instante; começou de novo, mais alto – pois inicialmente, embora distinto, era muito baixo. Prosseguiu em um clangor vociferante que pareceu despertar um eco em cada aposento solitário; embora tivesse se originado em apenas um deles, e eu teria sido capaz de identificar a porta de onde viera a voz.

LEITURA ADICIONAL

Todos os exemplos citados são bastante diretos na descrição que fazem, mas não atrasam ou interrompem a história. A história está na cena, nas coisas descritas. Há uma tendência a se temer "passagens" descritivas, como se fossem ornamentos desnecessários que inevitavelmente atrasam a "ação". Para ver como uma paisagem e uma grande quantidade de informação sobre pessoas e um modo de vida podem ser a ação, o movimento adiante da história, procure por *Solar Storms*, de

Linda Hogan, *Ceremony*, de Leslie Marmon Silko, ou as memórias de Esmeralda Santiago, *When I was Puerto Rican*.

Em thrillers bem escritos e sérios, como *O alfaiate do Panamá*, de John le Carré, as informações sobre o cenário, política etc. são da mesma forma parte integrante da história. Bons mistérios também são bons em transmitir informações, dos clássicos *O crime exige propaganda* e *The Nine Tailors*, de Dorothy Sayers, em diante. Em uma fantasia como *O Senhor dos Anéis,* de Tolkien, um mundo inteiro é criado e explicado, sem esforço e com alegria e uma riqueza de detalhes vívidos e concretos, à medida que a história avança incessantemente. Acredito que não haja um momento naquele imenso livro em que o leitor não saiba exatamente onde estão as personagens e como está o clima.

A ficção científica, como eu disse, é especializada em fazer com que uma quantidade considerável de informações funcione como parte da narrativa. *The Moon and the Sun*, de Vonda N. McIntyre, conta mais sobre a esplêndida corte e os excêntricos cortesãos de Luís XIV do que muitos livros didáticos, e em uma história deslumbrante.

A boa história é inteiramente história também – considere o grande *Latin America*, de Hubert Herring, e maravilhe-se com a forma com a qual ele abordou vinte países e quinhentos anos em um livro envolvente. Stephen Jay Gould é um mestre em incorporar informação científica e teoria complexa em fortes ensaios narrativos. Memorialistas muitas vezes parecem um pouco antiquados em separar a descrição da história; como Walter Scott no início do século 19, mostram-nos um cenário e depois relatam o que aconteceu lá. Mas livros tão profundamente "situados" como *Land of Little Rain*, de Mary Austin, *Out of Africa*, de Isak Dinesen, e *The Purple Land*, de W. H. Hudson, tramam cenários, personagens e emoções em um tecido rico e sem costura. Em autobiografias como as de Frederick Douglass, Sarah Winnemucca, Maxine Hong Kingston e Jill Ker Conway, e em biografias magistrais como a de Winifred Gerin sobre as Brontë ou a de Hermione Lee sobre Virginia Woolf, a narrativa apresenta sem esforço uma riqueza de informações sobre as épocas, os lugares, os eventos de uma vida, que dão à história uma profundidade e solidez que qualquer romancista invejaria. Talvez o exemplo mais magistral que conheço de entrelaçamento de informações factuais e técnicas complexas com uma narrativa fascinante e profundamente comovente, envolvendo muitas pessoas durante muitos anos, seja *A vida imortal de Henrietta Lacks*, de Rebecca Skloot.

Parte Três: Implicação

Cada parte desse exercício deve envolver 200-600 palavras de prosa descritiva. Em ambas, a voz ou será de autor envolvido ou de autor não envolvido. Sem personagem focalizadora.

Personagem por vias indiretas: descreva uma *personagem* ao descrever qualquer *lugar* habitado ou frequentado por ela – um quarto, uma casa, um jardim, um escritório, um estúdio, uma cama, qualquer coisa. (A personagem *não está presente no momento*).

O evento não dito: dê-nos um vislumbre da atmosfera e da natureza de algum evento ou ato ao descrever o *lugar* – sala, telhado, rua, parque, paisagem, o que seja – onde ele aconteceu ou está prestes a acontecer. (O evento ou ação não acontece em seu texto).

Você não deve dizer nada diretamente sobre a pessoa ou o evento, que de fato são o assunto do texto. Esse é o palco sem atores; é a câmera fazendo uma panorâmica antes do início da ação. E esse tipo de sugestão é algo que as palavras podem fazer melhor do que qualquer outro meio, até mesmo o cinema.

Use os adereços que quiser: móveis, roupas, pertences, tempo, clima, um período da história, plantas, rochas, cheiros, sons, qualquer coisa. Aproveite a falácia patética* ao máximo. Concentre-se em qualquer item ou detalhe que revele a personagem ou sugira o que aconteceu ou vai acontecer.

Lembre-se: esse é um dispositivo *narrativo*, parte de uma história. Tudo o que você descreve está lá a fim de aprofundar essa história. Dê-nos evidências que se acumulam até criar um humor ou atmosfera consistentes e coerentes, dos quais possamos inferir ou vislumbrar ou intuir a pessoa ausente ou o ato não dito. Um mero inventário de artigos não basta e aborrecerá quem estiver lendo. Cada detalhe deve *contar*.

Se achar "Implicação" um exercício interessante, pode repetir uma ou ambas as partes: agora, em vez da voz autoral, use a voz de uma personagem da história para descrever a cena.

Nota: Na escrita descritiva, pense de vez em quando nos *outros sentidos além da visão*. O som, acima de tudo, é evocativo. Temos um vocabulário limitado para o olfato, mas a menção de certo cheiro ou fedor pode definir um tom de sentimento. O paladar e o tato são proibidos para o autor não envolvido. O autor envolvido pode caminhar à vontade falando-nos sobre a textura das coisas, embora eu ache que nem mesmo um autor envolvido chegue realmente a comer a fruta que parece tão fresca e deliciosa, ou que ficou tão mofada na tigela reluzente ou de madeira... Mas se uma personagem da história a está contando, todos os sentidos podem entrar em jogo.

Adições opcionais ao
EXERCÍCIO NOVE

O caroço expositivo

Meus oficineiros interessaram-se pelo conceito de caroço expositivo, assim como qualquer escritor, e queriam um exercício voltado especificamente para ele. Eu disse que não conseguia pensar em nenhum. Eles disseram: "Invente você algumas informações que devamos transformar em uma narrativa". Uma ideia encantadora: eu invento coisas, e vocês têm de fazer todo o trabalho duro.

Como meu conhecimento do mundo real é incompleto, forneço como objeto a fantasia. Não tenha medo; é apenas um exercício. Você pode voltar ao mundo real logo depois e ficar aqui para sempre.

Opção Um: O caroço fantástico

Estude este trecho de história falsa e suas informações inventadas até estar familiarizado com elas. Depois, use-as como base para uma história ou cena. Enquanto escreve a cena, faça uma compostagem com a informação: separe-a, espalhe-a, insira-a em uma conversa ou narração-ação ou em qualquer lugar em que ela não pareça encaroçada. Conte por implicação, por referência passageira, por sugestão, por qualquer meio que preferir. Conte de modo que os leitores não percebam que estão aprendendo. Inclua o suficiente para que os leitores possam compreender plenamente a situação em que a rainha se encontra. Isso levará, penso eu, a duas ou três páginas, possivelmente mais.

O reino de Harath costumava ser governado por rainhas, mas há um século os homens governam e as mulheres não têm mais permissão para isso. Vinte anos atrás, o jovem rei Pell desapareceu em uma batalha na fronteira do reino com os ennedi, que são mágicos. O povo de Harath nunca praticou magia, pois sua religião declara que ela é contra a vontade das Nove Deusas.

Não se sabe o que aconteceu com o rei Pell. Ele deixou uma esposa, mas nenhum herdeiro conhecido. Os pretendentes ao trono foram todos derrotados por lorde Jussa, o guardião da rainha, mas as lutas dessas facções deixaram o reino empobrecido e infeliz.

Na época de nossa história, os ennedi ameaçam invadir a fronteira leste. Lorde Jussa prendeu a rainha, uma mulher de quarenta anos, em uma torre remota sob o pretexto de mantê-la a salvo. Na verdade, ele tem medo dela e está alarmado por rumores de que uma pessoa misteriosa conseguiu visitá-la secretamente enquanto ela estava no palácio.

Essa pessoa pode ser o líder de uma facção rebelde que diz ser o filho ilegítimo da rainha, ou pode ser o rei Pell, ou pode ser um mágico ennedi, ou...

Você pega a partir daí. Não precisa escrever a história inteira, apenas uma ou duas cenas que se baseiem nessas informações e incluam o suficiente do contexto para serem compreensíveis a um leitor que não as tenha lido. A torre onde a rainha está sendo mantida é um bom lugar para começar. Use qualquer ponto de vista que queira. Você pode nomear a rainha.

Opção Dois: O caroço real

Pensei nesse exercício com os memorialistas em mente. Como aborda uma experiência real, não posso fornecer o material. Pense em algo que você sabe fazer e envolve uma série complexa de ações específicas: por exemplo, assar um pão, criar uma joia, construir um celeiro, desenhar uma fantasia, jogar blackjack ou polo, velejar um barco, consertar um motor, planejar uma conferência, consertar um pulso quebrado, formatar texto... Deve ser algo que nem todos sabem fazer, para que a maioria dos leitores deseje alguma explicação sobre os procedimentos.

Se nada vier à mente, encontre uma enciclopédia e procure um processo – talvez algo sobre o qual você sempre tenha se perguntado: como fazer papel à mão, como encadernar um livro, como colocar uma ferradura em um cavalo, o que quer que seja. Você terá de usar a imaginação para fornecer os detalhes sensoriais que manterão a descrição vívida (os processos industriais são quase certamente complicados demais para serem destrinchados dessa maneira, mas, se você já tem conhecimento de um, eis um excelente assunto).

Escreva uma cena envolvendo pelo menos duas pessoas na qual este processo esteja acontecendo, seja como pano de fundo de uma conversa ou como o locus da ação. Mantenha a descrição específica e concreta. Evite o jargão, mas, se o processo tiver modos de falar próprios, use-os. Seja qual for o processo, faça com que as várias etapas fiquem claras para quem ler, mas não deixe parecer que o texto é todo sobre isso.

*
*Se despejarmos o lastro
estaremos lá em pouco tempo.*
*

10

Aglomerar e saltar

Enquanto dava aulas na oficina em que testei pela primeira vez os exercícios deste livro, comecei a pensar em um aspecto da técnica narrativa que ainda não havia abordado. É algo que tem a ver com o que é incluído em uma história e o que é omitido. Tem a ver com os detalhes. Tem a ver com o foco – o foco da frase, do parágrafo, do texto como um todo. Eu chamo de Aglomerar e Saltar, porque essas palavras descrevem o processo de uma forma física, o que eu gosto.

Aglomerar é aquilo que Keats quis dizer quando falou aos poetas para "preencherem cada fenda com minério". É o que queremos dizer quando nos exortamos a evitar linguagem frouxa e clichês, a nunca usar dez palavras vagas onde duas exatas servirão, a sempre buscar a frase vívida, a palavra exata. Por aglomerar quero dizer também manter a história cheia, sempre cheia do que está acontecendo nela; mantê-la em movimento, não se dispersando e vagueando por irrelevâncias; mantê-la interconectada consigo mesma, rica de ecos para a frente e para trás. Vívida, exata, concreta, precisa, densa, rica: esses adjetivos descrevem uma prosa repleta de sensações, significados e implicações.

Mas saltar é igualmente importante. O que se salta é o que se deixa de fora. E o que você deixa de fora é infinitamente mais do que aquilo que deixa dentro. Tem de haver espaço branco ao redor da palavra, silêncio ao redor da voz. Listar não é descrever. Apenas o que é relevante tem espaço. Alguns dizem que Deus está nos detalhes; outros, que o Diabo está nos detalhes. Ambos estão corretos.

Se você tentar incluir tudo em uma descrição, acabará como o pobre Funes, o Memorioso da história de Borges de mesmo título que, se você não leu, eu recomendo de todo o coração. Descrições superaglomeradas entopem a história e se sufocam. (Para um exemplo de romance sufocado pelas palavras, veja *Salammbô*, de Gustave Flaubert. Flaubert estabeleceu-se como um modelo tão universal, e sua *mot juste** foi transformada em tamanho *shibboleth*, que é salutar observar o pobre fundador em uma areia movediça composta inteiramente de *mots justes*).

Em termos táticos, eu diria para ir em frente e aglomerar no primeiro rascunho – contar tudo, tagarelar, balbuciar, colocar tudo dentro. Depois, ao revisar, considere o que meramente entulha ou repete ou atrasa ou atravanca sua história, e corte. Decida o que conta, o que está dizendo algo, e corte e recombine até restar apenas o que conta. Salte corajosamente.

Quem escreve ação muitas vezes aglomera, mas não consegue saltar rápido o suficiente ou longe o suficiente. Todos nós já lemos descrições de uma briga, ou de uma batalha, ou de um evento esportivo que, ao tentar dar um relato lance a lance, apenas criam confusão e tédio. Há uma mesmice inerente a muita escrita de ação – o herói corta a cabeça de um cavaleiro, depois de outro, depois de outro – e a mera violência não a torna interessante.

Para um magnífico exemplo de escrita de ação, olhe qualquer uma das batalhas marítimas nos romances da série de Aubrey-Maturin, escrita por Patrick O'Brian. Tudo o que o leitor precisa saber está incluído, mas nada além disso. A cada momento, sabemos exatamente onde estamos e o que está acontecendo. Cada detalhe ao mesmo tempo enriquece a imagem e acelera a ação. A linguagem é transparente. Os detalhes sensoriais são intensos, breves, precisos. E é impossível parar de ler até que acabe.

Exemplo 18

É incrível a duração de uma história que uma escritora realmente habilidosa pode contar em poucas palavras. Considere o Exemplo 18, a vida do sr. Floyd, como contada por Virginia Woolf. (O sr. Floyd, diretor da escola, oito anos mais novo que a sra. Flanders, pediu-a em casamento. Archer, Jacob e John são seus filhos; ela é viúva.)

Virginia Woolf: *O quarto de Jacob*

"Como eu poderia pensar em casamento?!", disse a si mesma com amargor, enquanto prendia o portão com um fio de arame. Ela sempre desgostou de cabelos ruivos nos homens, refletiu, pensando na aparência do sr. Floyd naquela noite, depois de os meninos irem para a cama. E, deixando sua caixa organizadora de lado, ela trouxe o mata-borrão para perto e leu a carta do sr. Floyd novamente, e seu peito subiu e desceu ao chegar à palavra "amor", mas dessa vez não tão rápido, pois vira Johnny indo atrás do inalcançável e sabia que era impossível que ela se casasse –

ainda mais com o sr. Floyd, que era muito mais novo que ela; mas que homem gentil; e tão erudito.

"Caro sr. Floyd", escreveu ela. "Esqueci-me do queijo?", perguntou-se, baixando a caneta. Não, ela avisara a Rebecca que o queijo estava no salão.

"Fico muito surpresa...", escreveu.

Mas a carta que o sr. Floyd encontrou na mesa, ao despertar no dia seguinte, não começava com "Fico muito surpresa", e era uma carta tão materna, respeitosa, inconsequente e pesarosa que ele a guardou por muitos anos; mesmo depois de seu casamento com a srta. Wimbush, de Andover; mesmo depois de ele deixar o vilarejo. Pois ele solicitou transferência para uma paróquia em Sheffield, que lhe foi concedida; e, ao despedir-se de Archer, Jacob e John, disse para escolherem qualquer coisa de seu escritório para ter como lembrança dele.

Archer escolheu um estilete, pois não quis escolher nada muito valioso; Jacob escolheu as obras de Byron em volume único; John, que ainda era novo demais para selecionar algo apropriado, escolheu o filhote de gato do sr. Floyd, decisão que os irmãos acharam absurda, mas que o sr. Floyd aprovou quando ele disse: "É peludinho que nem o senhor". Depois, o sr. Floyd falou sobre a Marinha Real (na qual Archer estava para ingressar); e sobre o Rugby (no qual Jacob estava para ingressar); e, no dia seguinte, ele recebeu uma bandeja de prata e partiu – primeiro para Sheffield, onde conheceu a srta. Wimbush, que viera visitar um tio; depois para Hackney; depois para a Maresfield House, da qual tornou-se diretor; e por fim, após tornar-se o editor de uma famosa série de biografias eclesiásticas, recolheu-se em Hampstead com sua esposa e filha, e é visto com frequência alimentando os patos no lago Leg of Mutton. Quanto à carta da sra. Flanders: ao procurar por ela em um dia qualquer, não a encontrou, e não quis perguntar à esposa se ela a tinha descartado. Ao cruzar com Jacob na Piccadilly recentemente, reconheceu-o em três segundos. Mas Jacob havia se tornado um rapaz tão elegante que o sr. Floyd não quis pará-lo no meio da rua.

"Não creio", disse a sra. Flanders, quando leu no *Scarborough and Harrogate Courier* que o reverendo Andrew Floyd etc. etc. havia se tornado diretor da Maresfield House, "só pode ser o nosso sr. Floyd."

Uma leve melancolia recaiu sobre a mesa. Jacob servia-se de geleia; o carteiro falava com Rebecca na cozinha; havia uma abelha zunindo sobre a flor amarela que oscilava com a janela aberta. Ou seja, estavam todos vivos, enquanto o coitado do sr. Floyd virava diretor da Maresfield House.

A sra. Flanders levantou-se, foi até o guarda-fogo e acariciou Topázio na nuca, atrás das orelhas.

"Coitado do Topázio", disse (pois o gatinho do sr. Floyd era agora um gato idoso, com sarna atrás das orelhas, e teria de ser sacrificado em breve).

"Coitadinho do Topázio", disse a sra. Flanders, enquanto ele se esticava sob o sol, e ela sorriu, pensando no fato de que o castrara, e no fato de que não gostava de cabelos ruivos nos homens. Sorrindo, adentrou a cozinha.

Jacob passou pelo rosto um lenço de bolso um tanto sujo. E subiu até seu quarto.

Agora, a coisa mais surpreendente e significativa sobre esta biografia de um único parágrafo na velocidade da luz é que não se trata realmente do sr. Floyd. Ela só está lá porque lança uma luz sobre Jacob, o sujeito titular do romance – sobre o mundo de Jacob e sobre a mãe de Jacob, cuja voz inicia e finaliza o livro. A passagem parece brincalhona, e é. Parece uma deambulação, uma irrelevância. Grande parte de *O quarto de Jacob* parece. Nenhuma parte é. Woolf omite as explicações e deixa que as conexões se estabeleçam por si mesmas. Ela oferece um exemplo extremo e admirável tanto de aglomeração quanto de salto. O romance salta ao longo de anos por vez, omitindo grandes blocos da vida do protagonista. Raramente ele é a personagem focalizadora, mas somos deixados na mente vivaz de muitas pessoas cuja conexão com ele fica implícita. Não há enredo, e a estrutura é uma série de vislumbres e vinhetas aparentemente aleatórios. Ainda assim, o livro passa da primeira palavra à estonteante conclusão de forma tão segura e constante quanto qualquer tragédia grega. Do que quer que esteja falando, o foco de Woolf é sempre Jacob; ela nunca se afasta do centro; tudo no livro contribui para a história que ela tem para contar.

A prática nesse tipo de "foco paradoxal" era parte do objetivo do Exercício Nove, Parte Três, "Implicação", e dos dois caroços.

UMA DISCUSSÃO SOBRE A HISTÓRIA

Eu defino história como uma narrativa de eventos (externos ou psicológicos) que se move através do tempo ou implica a passagem do tempo e que envolve mudança.

Defino enredo como uma forma de história que usa a ação como seu modo, geralmente na forma de conflito, e que conecta estreita e intrincadamente um ato a outro, geralmente através de uma cadeia causal, terminando em um clímax.

O clímax é um tipo de prazer; o enredo é um tipo de história. Um enredo forte e bem delineado é um prazer por si só. Pode ser reutilizado geração após geração. Ele fornece uma armadura para a narrativa que os escritores iniciantes podem achar inestimável.

Mas a maioria das obras de ficção modernas sérias não pode ser reduzida a um enredo ou recontada sem perda fatal, exceto em suas próprias palavras. A história não está no enredo, mas no contar. É o contar que move.

Manuais modernistas de escrita muitas vezes confundem história com conflito. Esse reducionismo reflete uma cultura que infla a agressão e a competição ao mesmo tempo que cultiva a ignorância de outras opções comportamentais. Nenhuma narrativa de qualquer complexidade pode ser construída ou reduzida a um único elemento. Conflito é um tipo de comportamento. Existem outros, igualmente importantes em qualquer vida humana, tais como relacionar-se, encontrar, perder, suportar, descobrir, despedir-se, mudar.

A mudança é o aspecto universal de todas essas fontes de história. A história é algo se movendo, algo acontecendo, algo ou alguém mudando.

Não precisamos ter a estrutura rígida de um enredo para contar uma história, mas precisamos de um *foco*. Do que se trata? De quem se trata? Esse foco, explícito ou implícito, é o centro ao qual todos os eventos, personagens, falas e feitos da história originalmente ou ao cabo se referem.

Pode ou não ser uma coisa simples ou uma única coisa, pessoa ou ideia. Podemos não ser capazes de defini-lo. Se for um assunto complexo, provavelmente não poderá ser expresso com quaisquer palavras, exceto todas as palavras da história. Mas está lá.

E uma história precisa igualmente do que Jill Paton Walsh chama de *uma trajetória* – não necessariamente um esboço ou sinopse a ser seguido, mas um movimento a ser seguido: *a forma de um movimento*, seja ele direto para a frente ou rotundo ou recorrente ou excêntrico, um movimento que nunca cessa, do qual nenhuma passagem se afasta completamente ou por muito tempo e para o qual todas as passagens contribuem de alguma forma. Essa trajetória é a forma da história como um todo. Ela se move sempre até seu fim, e seu fim está implicado em seu início.

A aglomeração e o salto têm a ver com o foco e a trajetória. Tudo o que está aglomerado para enriquecer a história sensual, intelectual e emocionalmente deve estar *em foco* – ser parte do foco central da história. E cada salto deve estar *ao longo da trajetória*, seguindo a forma e o movimento do todo.

Eu não conseguiria fazer um exercício visando especificamente a considerações tão amplas sobre a narrativa. Mas há um último exercício que é bom para todos nós, embora possamos não gostar muito dele. Vou chamá-lo de:

EXERCÍCIO DEZ
Uma coisa terrível de fazer

Pegue um dos exercícios narrativos mais longos que escreveu – qualquer um que tenha mais de 400 palavras – e corte-o pela metade.

Se nenhum dos exercícios for adequado, pegue qualquer texto de prosa narrativa que você já tenha escrito entre 400-1.000 palavras e faça essa coisa terrível com ele.

Isso não significa apenas cortar um pouquinho aqui e ali, cortar e podar – embora isso faça parte. Significa contar as palavras e reduzi-las à metade, mantendo a narrativa clara e o impacto sensorial vívido, sem substituir as especificidades por generalidades e sem jamais usar a expressão *de alguma forma*.

Se houver diálogo em seu texto, corte qualquer discurso longo ou conversa longa pela metade de forma igualmente implacável.

~~~~~~~~~~~~~~~

Esse tipo de corte é algo que a maioria das pessoas que escrevem profissionalmente tem de fazer em um momento ou outro. Só por essa razão é uma boa prática. Mas é também um verdadeiro ato de autodisciplina. É iluminador. Forçado a pesar suas palavras, você descobre quais são isopor e quais são ouro pesado. Cortes severos intensificam seu estilo, forçando-o a aglomerar e saltar ao mesmo tempo.

A menos que você seja excepcionalmente parcimonioso com suas palavras, ou sábio e experiente o suficiente para cortar enquanto escreve, a revisão quase sempre envolverá algum corte de repetições, explicações desnecessárias e assim por diante. Considere usar a revisão de maneira consciente como um momento para considerar o que *poderia* sair caso *tivesse* que sair.

Isso pode muito bem incluir algumas de suas frases e passagens favoritas, as mais belas e admiráveis. Você tem permissão para chorar ou gemer suavemente enquanto as corta.

Anton Tchekhov deu alguns conselhos para revisar uma história: primeiro, ele disse, jogue fora as três primeiras páginas. Como uma jovem escritora, achei que, se alguém entendia de contos, seria Tchékhov, então tentei seguir seu conselho. Eu realmente esperava que ele estivesse errado, mas é claro que estava certo. Depende da extensão da história, naturalmente; se for muito curta, só se pode jogar fora os três primeiros parágrafos. Mas há poucos primeiros rascunhos aos quais a Navalha de Tchékhov não se aplica. Ao começar uma história, todos nós tendemos a dar voltas, explicar um monte de coisas, estabelecer elementos que não precisam ser estabelecidos. Então encontramos nosso caminho e começamos, e *a história começa...* com muita frequência ali pela página 3.

Na revisão, via de regra, se o início pode ser cortado, corte-o. E, se alguma passagem destaca-se de alguma forma, afasta-se da trajetória principal e poderia ficar de fora, retire-a e veja como a história está. Muitas vezes, um corte que parecia deixar um buraco terrível se junta sem uma costura. É como se a história, o trabalho em si, tivesse uma forma que está tentando alcançar e que tomará se você só limpar a verborreia.

DANDO ADEUS DO PÍER

Algumas pessoas veem a arte como uma questão de controle. Eu a vejo principalmente como uma questão de autocontrole. É assim: existe em mim uma história que quer ser contada. É o meu fim; eu sou o seu meio. Se eu puder me manter – meu ego, meus desejos e opiniões, meu lixo mental – fora do caminho e encontrar o foco da história, e seguir seu movimento, a história contará a si mesma.

Tudo o que falei neste livro tem a ver com estar pronto para deixar uma história contar a si mesma: ter as habilidades e conhecer o ofício, para que, quando o barco mágico passar, você possa entrar nele e guiá-lo para onde ele quer ir, para onde deve ir.

Apêndice

A oficina em grupo de pares

A oficina de escrita substituiu o ensino em sala de aula de "escrita criativa", que muitas vezes não funcionava, por uma técnica prática baseada no princípio do aprendizado mútuo, que funciona.

Quer dizer, funciona se as regras forem seguidas. Espíritos livres que descobrem que o autocontrole exigido pelo esforço colaborativo estabelece limites intoleráveis à sua genialidade não se darão bem em uma oficina. Pergunto-me se eu mesma, aos vinte ou vinte e dois anos, estaria disposta a aceitar a disciplina de um grupo de pares se eles existissem naquela época. Não existiam. A oficina de escrita, guiada por um líder ou um grupo de pares, foi inventada muito depois de eu ter crescido. Mas isso é verdade para muitas coisas, incluindo mensagens de texto e salgadinhos de couve, nas quais estou menos interessada.

As oficinas on-line oferecem uma oportunidade inestimável para escritores que, por alguma razão, não podem encontrar-se cara a cara regularmente, ou nunca, com outras pessoas que escrevem. Formar um grupo on-line ou juntar-se a um já existente pode ser ótimo para uma pessoa isolada ou que não tem como sair de casa e anseia por compartilhar sua escrita, trocar críticas e conversar com outros escritores. Tenho experiência como professora e membro apenas de oficinas reais, mas espero que minhas observações e recomendações gerais a um grupo real se apliquem, com algumas modificações, ao procedimento de um grupo virtual que se comunica on-line.

OS MEMBROS

O número ideal de membros para uma oficina de grupo de pares é provavelmente seis ou sete e até dez ou onze. Um grupo de menos de seis pode acabar tendo poucas opiniões diferentes, e reuniões às quais compareçem apenas dois ou três participantes; um grupo de doze ou mais deve estar preparado para muita leitura a cada mês e sessões de trabalho muito longas. A maioria dos grupos reúne-se uma vez por mês, agendando reuniões com bastante antecedência.

Um grupo de pares funciona melhor se todos nele estiverem no mesmo nível. Uma boa dose de variação é tolerável e até mesmo valiosa. Mas os membros que trabalham seriamente em seu ofício ficarão desanimados ao tentar trabalhar com pessoas que estão apenas brincando sem nenhum compromisso real, enquanto os não comprometidos ficarão entediados com os sérios. Pessoas experientes podem sentir que ter que criticar o trabalho de iniciantes é exploração, enquanto iniciantes podem sentir-se intimidados ou oprimidos por quem tem mais experiência. Grandes diferenças na familiaridade básica com a linguagem escrita, incluindo pontuação, estrutura da frase, até mesmo ortografia, podem tornar tais disparidades terrivelmente desconfortáveis. Contudo, existem grupos que contêm ampla disparidade sem nenhum desconforto. O importante é encontrar o grupo certo de pessoas, aquelas em quem você pode confiar.

MANUSCRITOS

O envio de manuscritos para o grupo, antes um processo que envolvia papel, selos, tempo etc., agora é uma questão de clicar no botão Enviar. Em um grupo presencial, os manuscritos devem ser enviados a todos *pelo menos uma semana antes* da reunião ou da data combinada para a sessão, de modo que possam ser lidos, pensados e anotados. Os manuscritos que chegarem atrasados só receberão críticas no encontro seguinte. O grupo virtual deve decidir se vai permitir que a crítica comece sempre que um manuscrito for enviado e prossiga em uma intercorrespondência contínua ou se vai limitar a discussão a um período definido em consideração aos membros que têm um tempo limitado para a leitura, a crítica e sua própria escrita.

Recomendo que vocês combinem um limite para a extensão de qualquer manuscrito enviado a uma sessão. Uma vez que tenham encontrado a extensão certa, atenham-se firmemente a ela. Sugiro que seja um limite de palavras, não um limite de páginas, porque escritores prolixos, enganosamente utilizando fontes pequenas e margens estreitas, podem amontoar 500 palavras em uma página.

Se vocês se encontrarem pessoalmente, e se todos no grupo quiserem ouvir algumas páginas de cada manuscrito, leiam-nos em voz alta antes de fazer uma crítica, claro; muitas vezes é agradável ouvir como a voz do autor "explica" o texto. Em uma oficina de poesia, ler em voz alta é procedimento padrão. Para um grupo de prosa narrativa, no entanto, isso pode levar muito tempo. A leitura em voz alta é uma performance, que pode esconder falhas e falta de clareza. Ela passa rápido demais para a maioria dos ouvintes fazer anotações úteis para a crítica. E, afinal, o destino da maioria das narrativas em prosa é ser lida em silêncio. O texto tem de se explicar na página, falar por si mesmo, fazer-se "ouvir" pelo editor que decide publicá-lo ou não e por todos os seus leitores, uma vez publicado. (Depois, se for um sucesso, quem sabe, terá uma edição em áudio.) Se foi escrito com seriedade, merece ser lido e considerado com seriedade, em solidão, em silêncio. Acredito que esse tipo de leitura lenta, silenciosa e atenta é a maior honra que o grupo pode conceder ao texto.

LER OS MANUSCRITOS

Todos escrevem, todos leem. Esse é o acordo básico sobre o qual o grupo se mantém ou cai. Ler o trabalho dos outros oficineiros é tão importante para sua participação no grupo quanto escrever e enviar seu próprio trabalho. Leitura descuidada, atraso na leitura e falha na leitura são perdoáveis apenas como exceções ocasionais.

É melhor apontar pequenos erros, correções ortográficas e gramaticais e questões menores diretamente no manuscrito, que é devolvido ao autor para que estude à vontade. O grupo on-line deve descobrir como fazer isso; uma solução é que todos tenham o mesmo programa de edição em seu computador.

CRITICAR

É uma palavra feia, técnica, útil... Mas a crítica é a função essencial do grupo de escrita – juntamente com a exigência de produzir os manuscritos.

Para os grupos on-line, a menos que as pessoas possam fazer chamadas de vídeo, as críticas devem ser escritas. Em um grupo presencial, notas e comentários podem ser escritos no manuscrito ou entregues ao autor, mas não devem substituir comentários e discussões faladas. A sessão de crítica, os intercâmbios e as interações de todo o grupo nas discussões são muitas vezes o aspecto mais valioso para o autor.

Rotação

Todas as pessoas criticam todos os textos.

On-line, as críticas podem ser lidas à medida que chegam; a ordem não é importante. Em uma reunião presencial, é. Cada manuscrito apresentado é criticado por vez. Todos no grupo (exceto o autor) falam por vez.

Idealmente, a crítica livre é possível – somente aqueles que querem falar o fazem, sem limite de tempo e sem ordem de rotação. Mas não tente isso até todos saberem que ninguém no grupo é habitualmente silencioso ou eternamente tagarela e que ninguém está autorizado a dominar as discussões. O respeito mútuo e a confiança são absolutamente essenciais para uma oficina, e a crítica livre permite que egos expansivos silenciem os mais tímidos. Muitos – talvez a maioria – dos grupos de pares fazem críticas mútuas regulares durante anos usando o modo de círculo, em que a palavra vai passando para a pessoa à direita, como o mais justo e menos estressante.

Protocolo

Cada crítica deve ser:
Breve.
Sem a interrupção de outrem.
Relacionada a aspectos importantes do texto. (Discussões triviais devem ser escritas no manuscrito.)
Impessoal. (Seu conhecimento sobre o caráter ou intenções do autor é absolutamente irrelevante. É a escrita que está em discussão, não a pessoa que escreveu. Mesmo que a obra seja autobiográfica, diga "o narrador", não "você".)

No momento em que chegar a sua vez de falar ou enviar por e-mail sua crítica, evite desafiar os outros críticos. Nada de zombarias; nada de ofensas; nada de hostilidade.

Amplie a discussão em grupo sem repetições. Se concorda com o comentário de Jane, diga. Se discorda do que Bill disse, diga sem animosidade e explique como e por que discorda.

Lembre-se de que as primeiras impressões, reações de uma primeira leitura, mesmo mal-entendidos, podem ser extremamente úteis. Afinal, quando um texto é submetido a um editor, tudo pode depender das primeiras impressões dessa pessoa. Não sinta que é estúpido dizer ou enviar reações ou perguntas ingênuas, mas tome cuidado para que elas sejam faladas ou escritas sem animosidade e com o único propósito de tentar melhorar o manuscrito.

As críticas tendem a focar no que está errado. Para ser útil, as críticas negativas devem indicar a possibilidade de revisão. Diga ao escritor onde você ficou confuso ou surpreso ou aborrecido ou encantado, de quais partes você mais gostou. É pelo menos tão útil para o autor ouvir o que não funciona quanto o que funciona, o que está certo.

Julgamentos negativos ferozes sobre toda a qualidade da obra podem despertar a raiva do autor e a recusa em ouvir, ou até causar danos reais e duradouros. A prática sádica do crítico que assume o privilégio de dispensar a obra como absolutamente sem valor, a ideia de que o julgamento crítico pode ser absoluto, a noção de que agressões tornam as pessoas artistas – tudo isso ainda existe, mas não tem lugar em uma oficina. O grupo de pares, fundado na confiança e respeito mútuos, rejeita tanto o ego dominador quanto o bajulador que se humilha.

Dirija-se ao autor, não aos outros.

Você pode fazer ao autor apenas perguntas diretas, factuais, sim ou não, e pode fazê-las apenas se as disser primeiro ao grupo e obtiver o consentimento deles. A razão para isso é que outros no grupo podem não querer que certa pergunta seja respondida. Digamos que você queira perguntar: "Você queria que não soubéssemos quem é a mãe de Della?". Outros podem preferir ler o texto como se não conhecessem o autor e não pudessem fazer perguntas – como nós lemos a maioria das narrativas – e julgá-lo com base nisso. Nunca faça ao autor uma pergunta que requeira uma longa explicação ou defesa. Se o texto em si não responder à pergunta, a coisa mais útil que você pode fazer é uma nota chamando a atenção para o problema, que o autor pode então consertar ao revisar.

As sugestões de como consertar algo podem ser valiosas, mas devem ser oferecidas respeitosamente. Mesmo que você tenha certeza de que vê exatamente como a história deve ser mudada, ela pertence ao autor, não a você.

Não diga o que a história faz você lembrar na literatura ou no cinema. Respeite o texto em si.

Considere do que trata a história; o que ela tenta fazer; como ela se realiza; como pode alcançar melhor seus objetivos.

Se há membros cujas críticas são habitualmente prolixas, o grupo presencial pode ter de obter um cronômetro de cozinha e limitar cada crítica a alguns minutos, e o grupo virtual pode ter de estabelecer um limite de palavras. Um grupo que tolera críticas egocêntricas, cansativas e tagarelas provavelmente não ficará junto por muito tempo. A intensidade é essencial; a interação é essencial.

No grupo presencial, quando as pessoas mantêm suas críticas curtas, a sessão pode terminar com uma discussão geral e livre, que muitas vezes é a melhor parte de tudo. Imagino que algo semelhante aconteça com as interações on-line. Nessa discussão livre, o grupo pode chegar a um "sentido da reunião". Mas ela pode terminar em uma dúzia de opiniões diferentes e ser igualmente útil e emocionante.

SER CRITICADO

A Regra do Silêncio: Antes e durante toda a sessão, o autor da história em discussão fica *em silêncio*.

Como autor, *não* ofereça explicações ou desculpas preliminares.

Se for solicitado a responder uma pergunta, certifique-se de que todo o grupo esteja disposto a ouvi-lo, e seja o mais breve quanto for humanamente possível.

Enquanto estiver sendo criticado, *faça anotações* do que as pessoas dizem sobre sua história, mesmo que os comentários pareçam estúpidos. Eles podem fazer sentido mais tarde. Anote qualquer comentário que seja feito por pessoas diferentes. Faça o mesmo com a crítica on-line.

Quando toda a discussão a respeito de seu texto terminar, você pode falar se quiser. Seja breve. Não entre no modo de defesa. Se tem uma pergunta sobre sua história que não foi abordada, faça-a agora. De longe, a melhor resposta para seus críticos que deram duro é "Obrigada".

A Regra do Silêncio parece arbitrária. Não é. É um elemento essencial do processo; às vezes penso que o mais essencial.

É quase impossível para um autor cujo trabalho está sendo criticado não ficar na defensiva, ansioso para explicar, responder, apontar – "Ah, mas veja, o que eu quis dizer era..."; "Ah, eu ia fazer isso no rascunho seguinte". Se não for permitido a você fazer isso, você não perderá tempo (o seu e o dos outros) tentando fazê-lo. Ao contrário, vai ouvir. Porque não pode responder, não estará mentalmente ocupado preparando o que vai dizer em resposta. Tudo o que pode fazer é ouvir. Você pode ouvir o que as pessoas tiraram do seu texto, o que elas acham que precisa de algum trabalho, o que elas entenderam e entenderam errado, do que não gostaram e gostaram a respeito dele. E é para isso que você está lá.

Trabalhando on-line, se você mantiver a Regra do Silêncio e não responder às críticas, os críticos responderão uns aos outros. É provável que as críticas mudem, desenvolvam-se, aprofundem-se durante esse intercâmbio. Seu trabalho é lê-las, pensar e fazer anotações. E, no final, agradecer.

Se você realmente não consegue suportar a Regra do Silêncio, provavelmente não quer saber de fato como as outras pessoas respondem ao seu trabalho. Escolhe ser o primeiro e o último juiz dele. Nesse caso, não se encaixará confortavelmente em um grupo. Não há nada de errado nisso. É uma questão de temperamento. Alguns artistas só conseguem trabalhar na solidão. Pode haver períodos na vida de um artista em que ele precisa do estímulo e do retorno de um grupo, e períodos em que ele se dá melhor trabalhando sozinho.

Sempre, em última análise, por conta própria ou em grupo, você é seu próprio juiz e toma suas próprias decisões. A disciplina da arte é a liberdade.

Glossário

Afeto Um substantivo paroxítono; significa sentimento, emoção. Não significa efeito.

Aliteração "O rato roeu a roupa do rei de Roma" é uma frase com aliteração. Assim como "O peito do pé do Pedro é preto".

Armadura Uma moldura, como a estrutura de aço de um arranha-céus.

Articulada Conectada, unida, como em "um esqueleto articulado" e "um ônibus articulado".

Coloquial A linguagem falada, em contraste com a escrita; ou, por escrito, um tom descontraído e informal que imita a fala. Os dois textos de Mark Twain em nossos exemplos são belos modelos de escrita coloquial. A maior parte das narrativas, mesmo que não seja altamente formal, não é totalmente coloquial.

Crítica O processo de discutir um texto em uma oficina ou grupo de pares.

Falácia patética Uma frase, com frequência usada de modo condescendente, para descrever uma passagem narrativa na qual a paisagem, o clima e outras coisas espelham ou incorporam as emoções humanas.

Fluxo de consciência Um nome para um modo ou voz ficcional desenvolvido pelos romancistas Dorothy Richardson e James Joyce, no qual quem lê participa da experiência momento-a-momento, das reações e pensamentos da personagem focalizadora. Embora muito constritivo quando usado durante todo um romance, passagens de fluxo de consciência são comuns e eficazes em obras longas, e o modo é bem adequado para peças curtas e narrações em tempo presente.

Gramática O sistema fundamental de um idioma; as regras de uso das palavras para que façam sentido. As pessoas podem ter bom senso gramatical sem conhecer as regras, mas, para quebrar as regras sabiamente, é preciso conhecê-las bem. Conhecimento é liberdade.

Grupo de pares Um grupo de escritores que se encontra regularmente para ler e discutir a escrita uns dos outros, formando uma oficina sem líderes.

Metáfora Uma comparação ou descrição implícita. Em vez de dizer A é como B, você diz A é B, ou você usa B para se referir a A. Assim, em vez de "Ela é tão branda e dócil e adorável como um cordeiro", você diz "Ela é um cordeiro". Em vez de "Estou lendo pedaços aqui e ali como uma vaca comendo pedaços de grama aqui e ali", você diz "Estou folheando o livro".

Uma grande parte da norma culta da língua é metafórica. A maioria dos insultos são metáforas: "Seu cabeça de vento!", "Aquele cara de bosta". Uma coisa em que os escritores devem ficar de olho são as metáforas comuns, mortas, que, quando misturadas, tornam-se pavorosamente vivas: "Querendo ficar bem na fita, não virava o disco e acabou queimando o filme".

Metro Um ritmo ou batida regular. Tum-ti-tum ti-tum-ti tum-ti-tum... Tum tum turum dum dum... Se a prosa desenvolve metro por mais de algumas palavras consecutivas, deixa de ser prosa e se transforma em poesia, quer você queira ou não.

Mot juste A "palavra certa", em francês.

Onomatopeia Uma palavra que soa como aquilo que significa, como *sibilar* ou *tique-taque* ou *atchim*, é onomatopeica. Quanto à palavra onomatopeia, ela soa como ô-nô-má-tô-péi-a.

Oração Uma oração é uma frase que apresenta um verbo ou uma locução verbal.

A primeira parte dessa frase – "Uma oração é uma frase" – pode sustentar-se de forma autônoma e assim é chamada de oração principal. Seu sujeito é o substantivo "Uma oração". Seu predicado é o verbo "é" mais o objeto direto "uma frase". Por ser a oração principal, estes também são considerados o sujeito e o predicado da frase como um todo.

Uma oração subordinada não pode ficar sozinha, mas se relaciona com a oração principal. Na frase acima, a oração subordinada é "que apresenta um verbo ou uma locução verbal ". Seu sujeito é "que" e seu predicado é "apresenta um verbo ou uma locução verbal".

As orações podem se relacionar umas com as outras de maneiras complicadas ao expressar pensamentos ou situações complicadas, e aquelas que aparecem no interior umas das outras, como caixas chinesas, que você abre apenas para encontrar mais uma caixa dentro, são chamadas de "embutidas".

(A oração embutida naquela frase é "que você abre apenas para encontrar mais uma caixa dentro").

Pessoa verbal Há seis pessoas verbais em português: três no singular e três no plural. Aqui estão exemplos de um verbo regular (*trabalhar*) e de um irregular (*ser*) nos tempos presente e pretérito perfeito.

Primeira pessoa do singular: eu trabalho; eu sou / eu trabalhei; eu fui

Segunda pessoal do singular: tu trabalhas; tu és / tu trabalhaste; tu foste

Terceira pessoa do singular: ele, ela trabalha; ele, ela é / ele, ela trabalhou; ele, ela foi

Primeira pessoa do plural: nós trabalhamos; nós somos / nós trabalhamos; nós fomos

Segunda pessoa do plural: vós trabalhais; vós sois/ vós trabalhastes; vós fostes

Terceira pessoa do plural: eles, elas trabalham; eles, elas são / eles, elas trabalharam; eles, elas foram

Pessoa e número afetam todas as formas verbais.

Símile Uma comparação usando *como*, *que nem*, *tal e qual* e outros: "Ela ficou vermelha que nem um peru", "Meu amor é como uma rosa vermelha, vermelha". A diferença entre símile e metáfora é que a comparação ou descrição é feita abertamente no símile – "Eu vejo como um falcão" –, enquanto, na metáfora, o *como* ou *que nem* desaparece: "Eu sou uma câmera".

Sintaxe "(2.) A disposição das palavras (em suas formas apropriadas) pela qual sua conexão e relação em uma frase são mostradas." – *The Shorter Oxford English Dictionary*

O reconhecimento de construções sintáticas costumava ser ensinado pelo método da árvore de análise sintática, uma habilidade útil para qualquer escritor. Se você puder encontrar um livro de gramática antigo que mostre como diagramar uma frase, dê uma olhada; é iluminador. Ele pode fazer você perceber que uma frase tem um esqueleto, assim como um cavalo, e a frase, ou o cavalo, move-se daquela maneira devido à forma como seus ossos são dispostos.

Uma sensibilidade apurada pelo arranjo, conexão e relação de palavras é equipamento essencial para um escritor de prosa narrativa. Você não precisa conhecer todas as regras de sintaxe, mas tem de se treinar para ouvi-la ou senti-la, de modo que saiba quando uma frase está tão enrolada que está prestes a formar um nó e quando está correndo transparente e livre.

Tempos verbais As formas de um verbo que indicam os momentos em que a ação deve estar acontecendo.

Vinheta Uma vinheta é uma pequena figura ou dispositivo usado para decorar ou enfatizar uma quebra no texto, como esta:

Dados Internacionais de Catalogação na Publicação (CIP)

L521c

Le Guin, Ursula K.
Como criar histórias: um guia prático para escritores /
Ursula K. Le Guin ; tradução de Juliana Fausto.

São Paulo : Seiva, 2024. 256 p. ; 12 x 18 cm

Título original: *Steering the Craft: A Twenty-First-
-Century Guide to Sailing the Sea of Story*

ISBN: 978-65-982443-6-1

1. Criação – ficção. 2. Escrita criativa. I. Fausto,
Juliana. II. Título.

CDD: 808.3
CDU: 808.1

André Felipe de Moraes Queiroz
Bibliotecário – CRB-4/2242

Coragem para criar

seiva.com.br
ola@seiva.com.br

**Assine nossa newsletter diária sobre
o mundo criativo em seiva.com.br/aurora**

**Para mais inspirações e referências,
siga @ssseiva no Instagram**

**Rua Bento Freitas, 306, sala 72
República, São Paulo – SP
CEP 01220-000**

Esta edição foi
composta em

Century e Doyle

E IMPRESSA EM IVORY SLIM 65G/M²

RETTEC   JUNHO   2025